In der Fortschreibung seines Bestsellers »Das Dosenmilch-Trauma« verhandelt Jess Jochimsen die merkwürdigen Probleme der Twenty-go-thirties. Seine Geschichten spielen im Niemandsland zwischen angehender Spießigkeit und Rock 'n' Roll, irgendwo zwischen Kinderkriegen und nicht erwachsen werden Wollen. Er erzählt von der zerstörerischen Schwärmerei für Nena, von der panischen Angst vor Soda-Streamern und Karl-Heinz Köpcke, von faschistischen Musikinstrumenten, vom alles entscheidenden Fußballspiel gegen die 6b, von der Langeweile und der Liebe, vom Füße föhnen und von seinem Opa, der, nachdem er *Bambi* im Kino gesehen hatte, ein Reh tot fuhr. Und Flaschendrehen? »Flaschendrehen ist die Fortsetzung der Reise nach Jerusalem mit anderen Mitteln« – und eine Allegorie auf das Leben einer komischen Generation.

Jess Jochimsen wurde 1970 in München geboren Er hat ein Buch geschrieben, einen Sohn gezeugt und ein Haus gemietet. In Freiburg. Ansonsten geht es ihm gut.
Er studierte Germanistik und Politologie und hatte seit 1995 über 800 Gastspiele als Kabarettist auf allen bekannten Bühnen Deutschlands. Jess Jochimsen wurde ausgezeichnet mit dem Deutschen Kabarett(Förder)Preis, dem Passauer Scharfrichterbeil und dem Prix Pantheon. Zahlreiche Fernsehauftritte u.a. im *Scheibenwischer* und *Quatsch-Comedy-Club*. Bei dtv ist von Jess Jochimsen erschienen: »Das Dosenmilch-Trauma. Bekenntnisse eines 68er-Kindes« (20370). Allwöchentlich schreibt und fotografiert er die Kolumne »Foto-Love-Story« im Magazin der *Frankfurter Rundschau*.

Jess Jochimsen
Flaschendrehen
oder: Der Tag, an dem ich Nena zersägte

Deutscher Taschenbuch Verlag

Von Jess Jochimsen ist im
Deutschen Taschenbuch Verlag erschienen:
Das Dosenmilch-Trauma (20370)

Originalausgabe
Oktober 2002
3. Auflage April 2004
© Deutscher Taschenbuch Verlag GmbH & Co. KG,
München
www.dtv.de
Das Werk ist urheberrechtlich geschützt.
Sämtliche, auch auszugsweise Verwertungen bleiben vorbehalten.
Umschlagkonzept: Balk & Brumshagen
Umschlaggestaltung: Michael Meister
Fotos: © Jess Jochimsen
Umschlagfoto: © Markus Frietsch
Satz und Gestaltung: Regina Leonhart
Gesetzt aus der Garamond Regular 10/13,4˙ (QuarkXPress)
Druck und Bindung: Druckerei C. H. Beck, Nördlingen
Gedruckt auf säurefreiem, chlorfrei gebleichtem Papier
Printed in Germany
ISBN 3-423-20568-7

»Und immer wenn wir traurig waren
(und traurig waren wir ziemlich oft)
gingen wir zu dir nach Hause
und da hörten wir die Smiths.«
Farin Urlaub

Für Regina.

Inhalt

Die Schlacht	11
Flaschendrehen oder: Der Tag, an dem ich Nena zersägte	24
Und morgen schreibe ich einen Roman	36
Das Gesicht hinter der Scheibe	44
Mein schönstes Ferienerlebnis	52
Das Gesicht hinter der Scheibe II	58
Klippschliefer und Meuchelpuffer	66
Winnetous Wiederauferstehung	72
Meine faschistische Quetschkommode	78
Wie immer	86
My private Pfingstwunder	92
Matthäus-Passion	98
Waffen in Wichserland	110
Der Dorfdepp von da, wo ich wohne	116
Happiness is a warm gun	120
Novemberrevolution	126
Hund fickt Hund	130
Neulich bei n-tv	131
Das perfekte Café	144
Stop making Sommerloch!	160
Was Michel Houellebecq kann, kann ich auch	166
Wie letztens Gerhard Polt in meinem Computer war	177
Wanking the Führer	182
Von ersten Schritten und Worten	192
Zettels Alptraum	198
Don't look back in anger. Eine Schachtelgeschichte	208
Credits	220

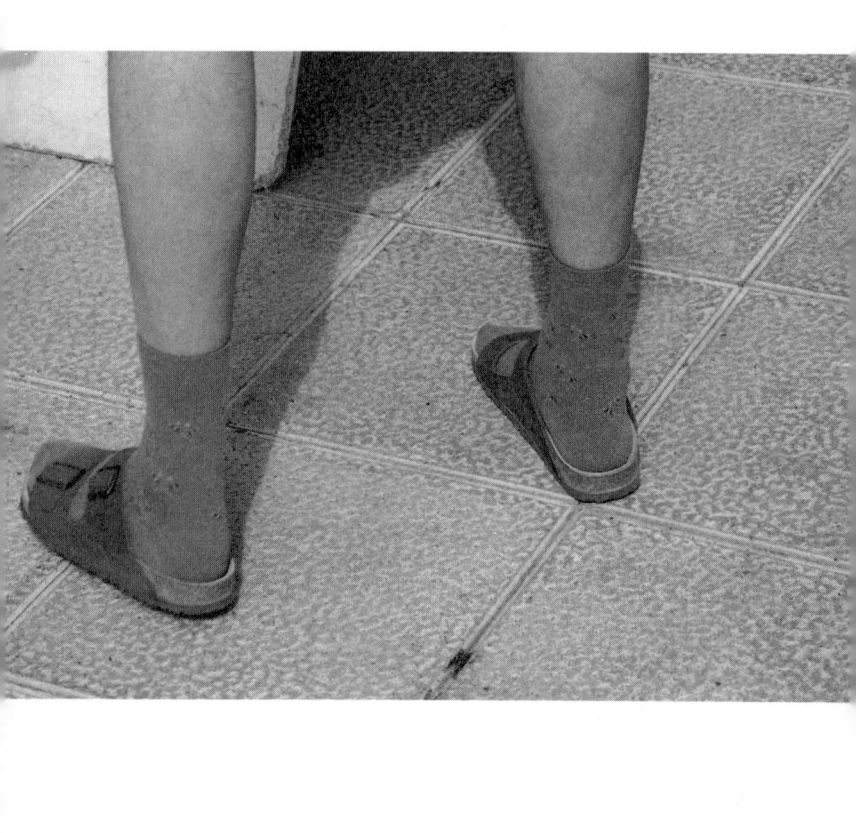

Die Pubertät ist nicht nur die Zeit, in der die Eltern anfangen, schwierig zu werden. Nicht nur die Zeit der ersten Liebe, der Verwirrung, des Schmerzes, nein, sie ist vor allem erst mal die Zeit des Körpers. Genauer gesagt, eines Teiles von ihm, der Beine.

Mit den Beinen geht es los, sie sind die Voraussetzung: Versteckenspielen, Fangen, Räuber und Gendarm, Fuß- und Völkerball, auch Ski fahren, Wandertag in der Gruppe, spazieren gehen zu zweit, später der Tanzkurs, und immer so weiter.

»Willst du mit mir gehen?«

»Kommst du mit auf die Party?«

»Darf ich dich noch ein Stück begleiten?«

»Gehen wir zu mir oder zu dir?«

Bevor man mit den Händen darf, braucht man die Beine. Und da ist der Haken: Image ist nichts, Schuhwerk ist alles. Und Socken darin sind immer scheiße – egal, welche Farbe.

Was das mit dem Bild zu tun hat? Mit mir? A portrait of the artist as a young man.

Die Schlacht

Natürlich habe ich diesen Traum geträumt, jahrelang, wie alle Jungen. Immer wieder den gleichen universalen Buben-Traum: Es steht 1:1 im Finale, die letzte Minute der Verlängerung läuft. Bloß kein Elfmeterschießen, alles, bloß das nicht. Wir geben unser Letztes, die Mädchen an der Seitenauslinie feuern uns an. Und plötzlich der dicke Erwin Moser, er schlägt den Ball hoch in den Strafraum, ich sehe ihn kommen, gehe in Position, ich krieg' ihn, ich krieg' ihn, doch Wolfi – der fieseste Junge aus der 6b – rempelt mich um. Wolfi, der sich immer damit brüstete, er würde mit Katja Berger gehen. Die Drecksau schubst mich einfach! Aber im Fallen bekomme ich den Ball noch so gerade auf den Schlappen. Auf den schwächeren linken Fuß, wohlgemerkt. Und ein grobes Foul ging voraus, wohlgemerkt. Und Wolfi ist zwei Köpfe größer als ich, wohlgemerkt. Trotzdem: Fallrückzieher wie aus dem Lehrbuch. Und der Ball kracht volle Lotte in den Winkel. Rechtes Kreuzeck. Noch im Fallen höre ich den Tor!-Schrei der anderen, und sofort versuche ich einen Blick von Katja Berger zu erhaschen, die auf der Tribüne sitzt. Der Rest ist Jubel. Die Schlacht geschlagen, der Traum geträumt.

Und doch ärgere ich mich. Im Traum ärgere ich mich: Wieder kein Kopfballtor, träume ich. Wieder keinen gottverdammten Köpper. Einmal, ein einziges Mal möchte ich meine 1,40 Meter hoch in die Lüfte schrauben und den Ball in die Maschen köpfen, träume ich. Wie der kleine Wiggerl Kögl damals oder, noch besser, wie Calle Del'Haye, der semmelblonde, quirlige Außenstürmer, dem man das niemals zugetraut hätte. Einmal möchte ich die Angst überwinden, die

Angst vor der tonnenschweren Lederkugel, die mir definitiv den Schädel spalten wird, sobald sie meine Stirn berührt, die mir die Knochen mühelos durchschlagen, mein Jochbein zersplittern und die Augen tief ins Hirn treiben wird. Einmal nur.

Ich glaube, es ist die Undankbarkeit den eigenen Träumen gegenüber. Selbst im Schlaf weiß ich es. Ich weiß es einfach: Ein Fallrückzieher ist nicht drin. Träum keinen Scheiß. Mach dir nichts vor. Du kannst noch so viele Hanuta-Sammelbildchen auf deine Schrankwand pappen, es wird nichts ändern. Mit deinen dürren X-Beinen kannst du dich doch kaum aufrecht halten, du Bewegungslegastheniker. Spiel Mikado oder bastel was Schönes, aber was willst du auf dem Rasen?

Es stimmt, mit meinen Händen bin ich nicht ungeschickt, nur mit denen darf man nicht beim Fußball. Die Hände, die Arme, ja, aber die Beine gehören nicht zu meinem Körper. Meine Beine sind Fremdkörper. Ich habe sie nur geliehen oder geklaut. Ich habe die Beine von Clara. Aus *Heidi*. Die »Heidi, deine Welt sind die Berge«-Heidi. Clara hat gerade ihre Kinderlähmung überwunden und übt mit Heidi ihre ersten Schritte. In dem Moment stehle ich ihr die Beine. Ich stakse fortan mit Claras Beinen durch die Welt und sie muss zurück in den Rollstuhl.

Ein Fallrückzieher ist nicht drin. Aber ein Kopfball, ein einziger Kopfball sollte doch möglich sein. Einfach richtig stehen und die Rübe hinhalten. Der Held sein und keine Angst mehr haben. Wie Hansi Pflügler. Der Abwehrrecke des FC Bayern, der mit den zwei linken Füßen. Wie er in der letzten Minute im Derby einfach loslief. Da war kein Ball, kein Gegner, kein Plan, nichts. Er lief einfach los. Vom eigenen Tor lief er los, stangengerade über die Mittellinie in die andere Hälfte. Sah nicht links, nicht rechts. Nur auf seine Füße. Als ob er fürchtete hinzufallen. Über den ganzen Platz lief er, das war ganz schön weit, in den gegnerischen Strafraum hinein, lief er. Und auf einmal war da der Ball, er knallte ihm auf den Kopf und von da ins Tor. Fertig.

Die Kommentatoren waren außer sich. Waldemar Hartmann überschlug sich förmlich beim Interview: »Herr Pflügler, das war Wahnsinn. Hansi, wie haben Sie das nur gemacht?«

Der Held schwieg.

»Hansi Pflügler, welch eine Variante. Haben Sie den Spielzug im Training geübt?«

Schweigen.

»Herr Pflügler, einmalig, wie Sie den Gegner förmlich überrumpelten mit Ihrem Sprint über den ganzen Platz. Dann die Flanke von außen, präzise, perfekt. Und Ihr Kopfstoß, Herr Pflügler, schulbuchmäßig, wie Sie hineingingen. Spannung im Oberkörper, den Kopf gerade und mit der Stirn gedrückt. Sagenhaft. Wie war das für Sie? Hansi?«

»Herr Pflügler, wie war das für Sie? Ihr Lauf? Die Vorlage? Der Kopfball? HANSI!«

Und Pflügler sagte: »I bin g'laffa. Der Ball is' kemma und i hobn neig'macht.«

Nicht mehr und nicht weniger.

»I bin g'laffa. Der Ball is' kemma und i hobn neig'macht.«

Und er zwinkerte in die Kamera. Zu mir. Als wollte er sagen: Siehst du, es geht. Ich bin nicht hingefallen beim Laufen und mein Kopf ist auch noch ganz. Wenn ich es schaffe, kannst du es auch. Denk an Katja Berger.

Ich wollte von Hansi Pflügler träumen, verdammt. Aber nein. Meine gesamte Kindheit hindurch träumte ich Fallrückzieher. Komplett illusorische, größenwahnsinnige, bescheuerte Fallrückzieher-Träume. Der dumme Junge, der die Lederkugel noch mehr fürchtete als den Gegner, der den Kopf einzog, wenn er nur an Fußball dachte – träumt Fallrückzieher. Pflügler, du Depp, Hansi Pflügler – nicht Klaus Fischer. Das ist deine Liga!

Ich glaube, ich muss diese Geschichte anders anpacken. Viel früher beginnen. Und weniger von den Träumen her erzählen – mehr von der Wirklichkeit. Von der Wahrheit. Die ist ohnehin noch viel fürchterlicher. Und die Wahrheit ist: Es sind gar nicht so sehr die Beine, es sind die Füße. Ich habe sehr kleine Füße. Ausgesprochen sehr kleine Füße. Heute ist das okay, ich trage maskulin wirkende Frauenschuhe. Heute geht es so mit meinen Füßen.

Aber als Kind war es schlimm. Da hatte ich praktisch gar keine Füße. Anfangs hat das niemand weiter tragisch genommen, weil ich sie da noch nicht so gebraucht habe. Mit einem guten Jahr aber begann ich zu laufen, ich war ein früher Läufer. Trotz ohne ausreichend Füße. Ich bin halt sehr viel umgekippt, vorneüber und oft auch auf den Hinterkopf. Der fehlenden Balance wegen. Niemand mit normalen Füßen kann nachvollziehen, wie schwirig das ist, ohne Standfläche, als Kind.

Auf Skiern wurde das dann besser. Ab meinem zweiten Lebensjahr waren meine Eltern das ständige Umgekippe leid und schnallten mich auf ein Paar Skier. Und weil ich dann postwendend seitlich umfiel, bekam ich noch zwei Stöcke dazu. Wie ein richtiger kleiner Skifahrer sah ich aus. Und ich stapfte mit meinen Skiern auf den Spielplatz, in den Kindergarten, überallhin. Sicher, ich war ein komisches Kind, etwas avantgardistisch, aber man ließ mich, ich war glücklich und unabhängig. Doch als ich in die Schule kam, war es mit dem Glück vorbei, weil meine Eltern meinten, dass ich jetzt erwachsen werden müsste und die Skier nicht mehr brauchte. Auch waren meine Füße etwas gewachsen, und wenn ich mich sehr konzentrierte, konnte ich vorsichtig gehen. Mit Skiern war es natürlich viel besser, aber meine Eltern blieben hart und taten alles daran, mir die Bretter, die meine Welt bedeuteten, madig zu machen. Wie man einem Baby den Schnuller abgewöhnt.

Ich sei jetzt zu alt für so was. Die anderen bräuchten schließlich auch keine Skier mehr. Außerdem würden die Mädchen mich sicher auslachen. Nichts ließen meine Eltern unversucht. Und am Vorabend des ersten Schultages kam dann die Zauberfee und zauberte die Skier fort. Scheiß-Fee!

Allein, so schnell gab ich nicht auf. In der Nacht krabbelte ich zur Mülltonne, und da waren sie. Die Fee konnte mich mal. Ich versteckte die Skier und zog sie am nächsten Morgen, kaum waren meine Eltern außer Sichtweite, heimlich wieder an. Jetzt konnte die Schule beginnen. Aber ich hatte die Rechnung ohne den Schulbusfahrer gemacht. Der war nämlich ein gemeiner Komplize der Zauberfee und wollte mich nicht mit Skiern an den immer noch sehr kleinen Füßen in den Bus lassen. Ich schrie und tobte, doch es half alles nichts. Die Ski mussten ordnungsgemäß im Stauraum verstaut werden. Wurden sie auch, und ich fiel, meiner Gehhilfen beraubt, der Länge nach in den Gang des Busses und stieß zu allem Unglück auch noch einen sich dort befindenden Abfalleimer um. Worauf in Bussen die Todesstrafe steht, schließlich muss da der Abfall rein, weil man den Abfall nicht in die Aschenbecher stopfen darf. Es war ein Desaster. Ich wurde zum Gespött der Leute, der Busfahrer brüllte, meine Eltern ließen die Fee Fee sein und zersägten meine Skier. Ich musste fortan auf eigenen Füßen stehen.

Langsam lernte ich lesen, schreiben, rechnen und laufen. Katja Berger half mir. Natürlich nur, wenn es niemand sah. Sie nahm mich bei der Hand und führte mich. Und gelegentlich schenkte sie mir heimlich ihre alten Schuhe, die ihr zu klein geworden waren. Ich bin mir sicher, dass es eine Art Liebe war, auch wenn sich Katja nie öffentlich dazu bekannte. Im Gegenteil, in der Schule zeigte sie mir die kalte Schulter und hänselte mich sogar. Aber irgendwie gab es zwischen uns ein Band, das niemand trennen konnte. Dachte ich zumindest.

Bis wir aufs Gymnasium kamen und Wolfi in unser Leben trat. Er ging in die Nachbarklasse und war in allen Bereichen der King. Groß, gut aussehend, schon einmal sitzen geblieben und damals schon Schuhgröße 43. Katja klebte förmlich an ihm und ließ keine Gelegenheit aus, mich spüren zu lassen, wie toll sie ihn und wie lächerlich sie mich fand. Das Band war zerschnitten.

Gegen Ende der fünften Klasse wollte ich nur noch sterben und in der sechsten Klasse war ich praktisch tot.

Doch dann kam die Möglichkeit der Rettung: Das Fußballmatch gegen die 6b. Nicht, dass ich ein begnadeter Kicker gewesen wäre. Wie auch – mit meinen Winzfüßchen? Aber darum ging es nicht. Wolfi war der Star der 6b. Wenn es mir gelänge, Wolfi eine Niederlage beizubringen, könnte ich Katja vielleicht zurückgewinnen. Und das Match gegen die 6b hatte nichts mit Sport zu tun. Das war Krieg. Die Schlacht der Schlachten.

Mit fußballerischen Mitteln konnte ich Wolfi nicht schlagen, so viel war klar. Aber zumindest mitspielen durfte ich, denn wir waren nur elf Jungen in der Klasse. Meine Mitschüler hatten zwar versucht, den Sportlehrer davon zu überzeugen, dass es vielleicht besser wäre, bloß zu zehnt anzutreten, aber der ließ sich nicht erweichen. Man gab mir genaueste Instruktionen: Ich sollte in der Mitte des Spielfeldes direkt an der Außenlinie stehen bleiben und mich möglichst von dort nicht wegbewegen. Ich hielt mich dran. Wackelig stand ich rum und ertrug den Spott des Publikums. Keine fünf Meter entfernt befanden sich die Mädels und feuerten ihre Helden an. Mich lachten sie aus. Allen voran Katja Berger. »Schaut doch mal«, rief sie und deutete auf meine Füße, »schaut doch, er hat Ballettschuhe an!«

Ich verzog keine Miene. Es gehörte zu meinem Plan, oder besser, zu meinem Traum. Erstens gab es keine Fußballstiefel in meiner Größe, und zweitens trug ich genau die Schuhe, die Katja mir einmal geschenkt hatte. Sie waren etwas eng, aber sie passten noch. Katja sollte es ruhig sehen, gesagt freilich habe ich nichts.

Wir hatten nicht den Hauch einer Chance gegen die 6b. Sie zermalmten uns regelrecht, sie zerquetschten uns wie lästige Insekten. Wolfi hatte seine Truppe im Griff. Gefangene wurden nicht gemacht, die 6a sollte ausradiert werden. Neunzig Minuten Angriff und Vernichtung. Sie raubten uns den Mut, die Ehre und schließlich die Frauen. Nach einer Viertelstunde stand es 5:0, Wolfi hatte mindestens drei Mal getroffen. Katja jubelte ihm zu. Übergelaufen zum Feind. Ich konnte meine Tränen fast nicht mehr zurückhalten. Keinen Meter hatte ich mich bewegt und der Spott schlug um in Hass. Nicht mal mehr meine eigenen Mitspieler würdigten mich eines Blickes. Als wäre ich schuld. Die 6b aber, sie wollte nicht gewinnen, sie wollte den Endsieg.

Ich schloss die Augen. Träum von Hansi Pflügler, dachte ich, es ist deine einzige Chance. Und dann lief ich los. Da war kein Ball, kein Gegner, kein Plan, nichts. Ich lief einfach los. Ich lief weg von Katja, stangengerade über die Mittellinie in die andere Hälfte. Sah nicht links, nicht rechts. Nur auf meine Füße. Bloß nicht hinfallen. Über den ganzen Platz lief ich, das war ganz schön weit, in den gegnerischen Strafraum hinein. Ich hatte nicht die leiseste Idee, was ich dort sollte. Aber irgendwas musste ich ja machen.

Und plötzlich der dicke Erwin. Er schlägt den Ball hoch in den Sechzehner, ich sehe ihn kommen, gehe in Position, ich krieg' ihn, ich krieg' ihn.

Wie aus dem Nichts sehe ich Wolfi auf mich zukommen. Natürlich, Wolfi, die Drecksau.

Jetzt galt es, alles oder nichts. Träum ihn zu Ende, den Traum, du schaffst es. Denk an Katja Berger. Die Sache hatte nur einen Haken: Meine Träume gerieten mir im Kopf durcheinander.

»Gleich rempelt er dich um, setz zum Fallrückzieher an!«
»Ich kann keinen Fallrückzieher!«
»Natürlich kannst du – im Fallen – mit links!«
»Ich will nicht. Ich kann nicht! Ich muss mit dem Kopf – wie Hansi Pflügler!«
»Nein – wie Klaus Fischer!«
»Hansi Pflügler!«
»Mach schon!«

Ich spürte, wie mein Körper sich zu verbiegen begann. Er krümmte sich. Untenrum wollte er Fallrückzieher und oben Kopfball. Die Lederkugel kam und ich sah Wolfi, wie er auf mich zuraste, blanke Wut in den Augen: »Du vermasselst mir nicht die Tour, Winzfuß, du nicht!«

Und mit einem Mal wusste ich, was zu tun war. Natürlich. Ich tat einen letzten Schritt, stemmte den Ballettschuh, so gut es ging, in den Boden und stieß mich ab. Ich schraubte meine 1,40 Meter hoch in die Lüfte, und dann ging alles ganz schnell. Wolfi rammte mich mit voller Wucht, aber er erwischte nur den Fallrückzieher-Teil meines Körpers, meine Brust, mein Becken, meinen Rumpf, Beine und Füße. Er hebelte mich regelrecht aus und schleuderte mich herum. Ich hörte es noch hässlich knacken, untenrum, doch im selben Moment krachte mir der Ball auf den Kopf. Ich spürte einen dumpfen Schmerz und dann vernahm ich nur noch ein unbeschreibliches Getöse von den Rängen.

Noch im Fallen versuche ich einen Blick von Katja Berger zu erhaschen – doch ich sehe nur den Ball, wie er langsam ins Seitenaus trudelt.

Allein das Getöse nahm kein Ende.

»Faule Sau! Elfmeter! Stellt das Schwein vom Platz!«

Ich nahm alles nur noch wie in Trance wahr, benebelt. Man

trug mich vom Rasen. Umringte mich. Katja Berger war ganz nah, hielt meine Hand, Angst in der Stimme: »Tut's arg weh?«

Ich lächelte. »Geht schon.«

Auf dem Platz wurde derweil weitergespielt. Ich bekam noch mit, wie Erwin Moser unseren Elfer verschoss, wie wir 8:0 verloren, wie die 6b ihren Sieg feierte, aber Katja Berger hatte nur noch Augen für mich.

»Du warst großartig«, sagte sie.

»Nicht der Rede wert«, sagte ich.

Und dann sagte sie so laut, dass es alle hören mussten: »Lass uns mal was machen, wenn du wieder okay bist.«

Ich war okay, noch nie im Leben war ich so okay wie in diesem Augenblick. Aber diesmal sollte sie warten müssen:

»Wir könnten«, sagte ich, »wir könnten ja mal Ski fahren gehen nächsten Winter.«

»O ja«, sagte sie, »du kannst meine alten Skier und Schuhe kriegen.«

Wolfi verließ indessen mit hängendem Kopf den Platz. Die Schlacht war geschlagen. Der Traum geträumt.

Some girls are bigger than others. Ich erinnere mich noch gut an das spöttische Grinsen, als uns der Tanzlehrer nahe legte, doch lieber andere Partner zu wählen. Nur weil Katja zwanzig Zentimeter größer war als ich.

»Damenwahl«, sagte Katja und »I was made for loving you, baby«, und beinahe küsste sie mich.

Wir legten die Smiths auf und tanzten die ganze Nacht hindurch. Im Liegen. Und Katjas Mutter kam nicht ein einziges Mal ins Zimmer.

»Some girls' mothers are bigger than other girls' mothers.«

Wahre Liebe übersteht selbst den Abschlussball.

Wir gingen einfach nicht hin.

John Lennon war ein Schwätzer und »can't buy me love« eine gottverdammte Lüge. Wie sollte das gut gehen? Katja hatte Geld wie Heu und ich war chronisch pleite. Wenn wir ins Kino gingen oder auf die Kirmes, immer zahlte sie. Kaum ausgehalten vor Scham habe ich es, als sie mir im Café heimlich ein paar Mark für den Rosenverkäufer zusteckte.

Katja ließ sich in Gelddingen beraten, während ich mit meinem *YPS*-Metalldetektor die Gullis der Umgebung absuchte.

Zu dem jeweilig erwählten Jungen sagte sie: »Du darfst mich küssen, aber ohne Zunge.«

In dieser Hinsicht war Katja altmodisch: »Solange du nicht für uns sorgen kannst, läuft nichts.«

Eine bittere Erfahrung für einen Vierzehnjährigen.

Vielleicht hätte ich auch jemand fragen sollen, der sich damit auskennt.

Flaschendrehen oder:
Der Tag, an dem ich Nena zersägte

Die Pubertät – das war nicht nur die Zeit der Schmetterlinge im Bauch, des Zettel-Schreibens, des Warten-dass-sie-anruft, nein, es war vor allem die Zeit der Partys oder der »Feten«, wie sie damals noch hießen.

Man traf sich freitags um 16 Uhr in einem den Eltern unzugänglichen, vom Sonnenlicht hermetisch abgeriegelten Hobbyraum. Ganz wichtig: Es waren immer exakt gleich viel Jungen und Mädchen anwesend. Das war natürlich eine Chance, aber auch eine Falle. Man musste sich frühzeitig orientieren, damit man am Schluss nicht die Arschkarte zog. Um 22 Uhr war finito, es blieben gerade mal lächerliche sechs Stunden, und weit mehr als die Hälfte dieser Zeit gingen für Blöd-Rumgestehe, Cola-Getrinke und Salzstangen-Geknabbere drauf, die Jungs hier, die Mädchen da.

Dann musste zu ausgesprochen gitarrenlastiger Musik, die sehr seltsam, aber dafür umso lauter war, herumgehüpft werden. Eine eigens installierte, dreilampige Lichtorgel nebst integriertem Stroboskop sorgte dafür, dass das nicht superscheiße aussah und man die gewünschten Zeitlupenbewegungen machte.

(Die Lichtorgel wurde übrigens immer von dem Jungen mitgebracht, der zur Schule mit einem Koffer erschien, mit 70.000 Fächern, und der in der großen Pause immer Karten spielte. Dieser Junge wurde überhaupt nur wegen seiner Lichtanlage eingeladen. Das war sein großer Tag. Er sorgte auch für die seltsam laute, gitarrenlastige Musik und – das war sein eigentlicher Sinn und Auftrag – für das zu späterer Stunde benötigte, sorgsam ausgewählte Klammer-Blues-Mix-Tape.)

Was sich auf diesen Feten vor allen anderen Dingen ausbildete, war eine seltsame Logik, eine pubertäre Denkweise, die ich bis heute nicht losgeworden bin. Ich erklär's mal so:

Ich war in Mädchen A verliebt, aber Mädchen A war oft nicht auf den Feten. Mädchen B dagegen war immer auf den Feten. Auf der einen Seite sah Mädchen A natürlich unvergleichlich besser aus als Mädchen B, auf der anderen Seite war es auf den Feten dunkel. Selbstredend war Mädchen B strohdoof, dafür trug es einen BH, den Mädchen A nicht trug, außerdem war die ja auch gar nicht da. Ich hingegen wusste: Wer einen BH trägt, hat auch einen Busen! Aha. Ich liebte Mädchen A, knutschte aber mit Mädchen B. Dachte währenddessen allerdings an Mädchen A, was ging, weil es ja dunkel war. Dazu kam, dass ich noch gar nicht wusste, wie Knutschen eigentlich ging. Es war also nur mehr als gerecht, das schon mal zu üben mit Mädchen B. Für Mädchen A, in das ich ja eigentlich verliebt war. Das wusste Mädchen B natürlich nicht. Die Mädchen C bis G aber wussten das alle, und die erzählten das Mädchen B noch auf der Fete. Und Mädchen B erzählte es am nächsten Schultag natürlich brühwarm Mädchen A, das wiederum meine Argumentation gar nicht so logisch fand wie ich. Es war eine schwierige Zeit.

Man hatte so viel zu lernen. Küssen zum Beispiel. Nur aufzupassen bei Kussszenen im Fernsehen reichte nicht, man brauchte Praxis. Kuss war ja nicht gleich Kuss, der Weg führte vom Bussi auf die Wange, über den Kuss auf die Lippen, das Küssen mit offenem Mund zum Zungenkuss, dem Mysterium. Küssen war eine Wissenschaft, an die man spielerisch herangeführt wurde. O gnadenlose Laune pubertärer Natur, perfider Plan von list'ger Mädchenhand ersonnen: Flaschendrehen. Von wegen auf den Geburtstagen würde nicht mehr gespielt, Flaschendrehen war die Fortsetzung der Reise nach Jerusalem mit anderen Mitteln. Einen trafs und der war dran. Das ging mit den harmloseren Dingen los, etwas singen zum Beispiel. Doch so harmlos war das nicht, weil alle anderen zuhörten. Und zwischen coolem Imponieren und der Blamage bis auf die Knochen war es ein schmaler Grat. Der Flaschenhals deutete auf sein Opfer, das stand auf und wisperte: »O-ho-ho, you're in the army, now ...«

Aber dann gings ans Küssen. Das war die Idee der Mädchen, die auch gleich die Regeln festlegten. Die Mädchen waren halt weiter und spielten gleich gar nicht mehr mit, sondern stellten sich zur Verfügung. Eine nach der anderen ließ sich küssen. Wer dies aber tun sollte, von den Jungs, wurde per Flaschendrehen ermittelt. Gläserner Zufallsgenerator, Fatum mali, das Schicksal – powered by Coke. Herr, lass Abend werden, dachte ich, lass die Eltern kommen, mich abzuholen.

Küssen, mein Gott, richtig küssen, wie sollte das denn gehen? Küssen, das hatte bestimmt auch mit geküsst werden zu tun. Mit dem feuchten Schmatzer, den mir die Großmutter mütterlicherseits, wenn sie zu Besuch kam, auf die Stirn klatschte, dass mir die kukidentgeschwängerte Soße nur so über's Gesicht lief.

Und es gab ein weiteres Problem: Nicht nur die Kuss-Technik mit ihren Schwierigkeitsgraden Wange, Lippen, offener Mund und Zunge, nein – man musste beim Küssen eine Erektion bekommen. Hieß es, im Kreise der Jungs auf dem Schulhof. Die Jungs redeten da sehr oft drüber, auch die älteren, das konnte unmöglich ein Gerücht sein. Kuss gleich Ständer, oder »Latte«, wie wir damals sagten. Wer beim Küssen die erforderliche Erektion nicht bekäme, so viel stand fest, war schwul, oder, schlimmer noch, impotent.

Noch viel wichtiger sei natürlich die Penislänge, sagten die Jungs, weil eine Erektion sei ja echt easy, eine läppische Sache. Und es gab tatsächlich einige, die das auf dem Schulklo bewiesen. Auf Kommando bekamen die da eine Bombenerektion hin. Die waren fein raus, dachte ich, die konnten das beim Küssen bestimmt auch. Ich hingegen sicherlich nicht. Noch nie hatte ich auch nur den Ansatz einer Erektion, wenn mich die Oma küsste, und sehr viel mehr Kusserfahrung hatte ich ja nicht. Überhaupt gelang mir eine Erektion nie, wenn ich sie wollte. Im Gegenteil, sie kam, wenn man sie am allerwenigsten brauchten konnte, im Schwimmbad etwa. Und die Penislänge war vernichtend.

Aber schwul war ich nicht, da war ich mir ganz sicher. Ich schrieb doch mit Geha-Füller, das konnte also gar nicht sein. Blieb das Problem mit der Impotenz. Das durfte nicht sein. Alles, nur das nicht. Ich begann mit eisernen Beim-Küssen-eine-Erektion-kriegen-Übungen. Aber die Großmutter kam einfach nicht oft genug zu Besuch. Ich benötigte andere Sparringspartner. Meinen Bruder konnte ich nicht fragen, das wäre dann doch eher kontraproduktiv gewesen.

Also investierte ich sehr viel Geld und noch mehr Zeit, bis ich endlich den *Bravo*-Starschnitt von Nena komplett hatte. Nena war unbestritten die sexyste Frau des Universums. Wenn es mit Nena nicht klappte, konnte ich einpacken. Woche für Woche lief ich zum Kiosk und erwarb die *Bravo*. Duran Duran, Spandau Ballet, Dr. Sommer – sie waren mir egal, entscheidend war der Starschnitt. Den trennte ich heraus: Nena-Füße, Nena-Beine, Nena-Wange, Nena-Augen, Nena-Arme, Nena-Schweißbänder. Irgendwann hatte ich sie zusammen. Ich schnitt die lebensgroße Ikone der Neuen Deutschen Welle aus, weil sie ja auch echt wirken sollte.

Weil man Papier aber schlecht im Arm halten konnte, klebte ich die ausgeschnittenen Nena-Teile mit Tapetenkleister auf alte Sperrholzplatten. Jetzt war dieses Sperrholz aber auf seine Aufgabe als Nena-Träger und Erektion-beim-Küssen-kriegen-Übungs-Puppe alles andere als vorbereitet. Es war viereckig, sperrig und vor allem viel zu klein. Ich benötigte allein vier

Platten für Nenas Oberkörper und weitere drei für die Beine. Wieso eigentlich drei? Ich weiß es nicht, es war aber so. Mühsam schnitt ich das Holz mit der Laubsäge in Nena-gerechte Maße und hatte dann sieben Teile, welche noch miteinander verbunden werden mussten. Also bog ich ein paar rostige Winkel gerade und legte Schrauben und Muttern bereit. Was dann folgte, war weniger die Kreuzigung, als vielmehr die Verschraubung eines Popstars. Nena hatte Schraubenmuttern in Armen und Beinen, im Hals und sogar im Gesicht. Allein, es war vollbracht. In unserem Keller lag eine spitzenmäßige Sperrholz-Nena und wartete auf mich.

Ich wuchtete sie gegen die Wand, legte die Kassette mit *99 Luftballons* in den Recorder und begann mit dem Training. Sie zu küssen war gar nicht so leicht, Nena war einen guten Kopf größer als ich. Ich stieg auf einen Schemel und dann küsste ich Nena, wie sie definitiv noch nie in ihrem Leben geküsst worden war. Ich hauchte ihr auf die Wange und benetzte ihre Stirn, ich speichelte ihren Hals ein, und Jahre bevor Piercing überhaupt erfunden wurde, leckte ich die Schraube in ihrer Lippe ab.

Ich küsste sie oder tat zumindest einiges, was ich dafür hielt, bis meine Lippen wund waren, ich hatte Sperrholzsplitter im ganzen Gesicht, aber keine Erektion. Jetzt war es amtlich: Ich war impotent. Meine Leben hatte keinen Sinn mehr. Selbstmord, dachte ich, verabschiede dich von dieser Welt, aber tu es mit Würde. Ich zerlegte Nena wieder in ihre sieben Einzelteile und traktierte diese, damit mir wirklich niemand auf die Spur käme, noch mal mit der Laubsäge. Ich gestehe, ja, ich habe Nena zersägt.

Keine Erektion, versagt, vorbei. 14 Jahre alt war ich nur geworden, gestorben 1984, in Orwells Jahr, *Nineteeneightyfour.* KajaGooGoo war Nummer eins in der Hitparade, mit Limahl! »Too shy shy, hasch, hasch, eiduei.« (Ich weiß bis heute nicht, was das heißt.) 1984. Friedensbewegung, Ostermärsche, die Grünen waren noch Pazifisten und gerade in den Bundestag eingezogen. Dort hatten sie als eine ihrer ersten Oppositionstaten erwirkt, dass die übermäßigen Impfungen an den Schulen zurückgeschraubt wurden. Weniger Schluckimpfungen in der Schule ...

Schluckimpfung! Kinderlähmung! Ich rannte weg von Nena – oder zumindest von dem, was noch von ihr übrig war, ich rannte vom Keller hoch ins Wohnzimmer. Kinderlähmung! Irgendwo war doch dieses verdammte Merkblatt, »Kinderlähmung«, da war es. »Symptome: Müdigkeit« – ja, »Gedächtnisschwund« – aber hallo, »Schwierigkeiten beim Laufen« – sowieso, mit meinen Füßen. Und dann las ich: »Potenzstörungen.« Schwarz auf weiß: »Potenzstörungen.« Wir hatten keine Schluckimpfung gehabt, 1984, in der Schule. Ich hatte Kinderlähmung! Deswegen war ich impotent!! Und die Grünen waren schuld daran!!!

All das schoss mir durch den Kopf, während die Flasche auf dem Hobbyraum-Bastel-Tisch rotierte. Flaschendrehen mit Küssen als Preis und Schicksal. Wange, Lippen, offener Mund, Zunge. Nur noch wenige Minuten, und alle würden es wissen. Ich wollte aufstehen wie ein Mann und brüllen: Lasst ab von mir, quält mich nicht, ich habe Kinderlähmung! Aber ich konnte mich nicht mehr bewegen, die Krankheit war bereits in fortgeschrittenem Stadium.

Ich versuchte logisch zu denken: Katja Berger war nicht auf der Party, das Mädchen A wie immer abwesend. Mädchen B war schon dran gewesen, Bussi auf die Wange, Erwin Moser hatte seine Aufgabe mit Bravour gemeistert. Auch Mädchen C und D waren durch, es blieben gerade mal vier Jungen übrig. Die Chancen standen 1:4, dem Zungenkuss zu entgehen. Die zu Küssende war Mädchen Z, Astrid von Ginten, die Nachbarstochter, ich nannte sie immer »Arschtritt von Hinten«.

»Lieber Gott im Himmel, bitte nicht Astrid, ich will auch immer artig sein, nie wieder will ich …«

Die Cola-Flasche kreiselte, keine Einsätze mehr, bitte, rien ne va plus, die Flasche kreiselte schnell, langsamer, ruckelte, pendelte sich aus, stand. Gerettet – nein, sie wackelte noch – und der Schlund der Cola deutete auf mich. Das Ende. Der Zungenkuss.

»Mit umarmen!«, feixte irgendwer.

Von umarmen war keine Rede gewesen. Wie sollte denn das auch gehen? Anatomisch, meine ich. Astrid war zwar kleiner als Nena, aber nicht aus Sperrholz, im Gegenteil, dreidimensional, mit Brille. Mehr breit als hoch. Nein, das waren keine Brüste, wie Katja Berger sie hatte, das waren Waffen. Und Astrid machte Gebrauch von ihnen. Sie rammte sie mir in die Rippen, dass mir die Luft wegblieb, küssen oder geküsst werden, das war hier die Frage. Sie war die Prinzessin und ich nur ein kleiner impotenter Frosch. Sie hielt mich fest umschlungen und presste ihren offenen Mund gegen den meinen. Von Atemtechnik stand nichts in der *Bravo*, dachte ich, und japste nach Sauerstoff. Astrids Zunge schob sich Zentimeter um Zentimeter vorwärts und suchte nach der meinen. Ich war der Ohnmacht nahe und versuchte gleichzeitig, meine Zunge im eigenen Rachen zu verstecken. Doch Astrid kannte keine Gnade. Ich schmeckte Cola, Salzstangen und Odol. Wie zwei Ringkämpfer umwulsteten sich unsere Zungen, kraftvoll, unermüdlich, den anderen auf die Matte zu werfen. Keuchend, sabbernd, geifernd. Ich dachte an Nena, an Katja Berger, an meine Mutter, die Sekunden verstrichen, die Minuten, die Stunden, die Monate, die Jahre – und endlich ließ Astrid von mir ab.

In der Runde wurde anerkennend genickt, irgendwer applaudierte sogar. Das Flaschendrehen war vorüber. Der Junge an der Licht- und Tonanlage schob seine Kassette mit der seltsamen, gitarrenlastigen Musik ein und sofort bildeten sich

Grüppchen. Die Mädchen hier, die Jungs da.

»Und – wie war's?«, wollte Erwin Moser wissen. Dann brach es auf mich herein.

»Starke Leistung, Mann.«

»Cool, Alter.«

»Voll der Brüller.«

»Kannst du mir das beibringen?«

Ich war der unumstrittene Meister in Sachen Zungenkuss.

»Ist echt easy«, sagte ich, »läppische Sache.«

Zum Glück war Katja Berger nicht hier. Hatte mich nicht mit Astrid von Ginten gesehen. Aber ich wusste jetzt, wie der Hase lief. Katja Berger würde Augen machen …

Und während mich die anderen noch bedrängten und ich den einen oder anderen wertvollen Tipp in Sachen Kusstechnik abgab, schob ich meine Hand unter den Pullover und tastete vorsichtig nach meiner Hose.

So viel stand fest: Kinderlähmung hatte ich nicht.

Irgendwie lief das dann weiter, mit Astrid und mir. Nur die Idee, *9 1/2 Wochen* nachzuspielen, hätte besser eine bleiben sollen. Astrid war nicht Kim Basinger und ich nicht Mickey Rourke. Aber wie er ihr Honig und Milch über den Körper goss, um sie dann abzulecken, hatte einfach etwas Unwiderstehliches. Kino lässt sich nicht schmecken, das Leben schon. Wir waren sehr tapfer, sicher, aber lecker ist anders.

Wann ich mich dann in Astrid verliebt habe, weiß ich nicht mehr genau. Vielleicht fing das auch viel früher an. Sie besaß einen Biene-Maja-Schulranzen, ein Biene-Maja-Federmäppchen und sogar einen Biene-Maja-Bleistiftspitzer. Ich glaube, der war es letztlich. Neid und Schwärmerei liegen bekanntlich nah zusammen, und die kindliche Erotik von Bleistift und Spitzer ist noch lange nicht ausgelotet.

Was soll's. Die Erinnerung ist das Land, in dem Milch und Honig fließen. Soll ja gar nicht so gesund sein.

Manchmal kommt die Abhängigkeit vor der Liebe. Katja hatte ihre Hände auf den Tasten und ich blätterte die Partitur um. Ein lächerliches Paar: Sie spielte miserabel und ich konnte keine Noten lesen. Katja musste mir immer zunicken, und die Vorspielabende der Musikschule gerieten zu Folter, Farce und heimlichem Liebesbeweis.

Das Leben draußen dagegen war unschuldig: Fußball zwischen den Aschentonnen, Gummitwist, »eins, zwei, drei, vier Eckstein, jeder muss versteckt sein«.

Und jeder war dem anderen entbehrlich.

Vor dem Abschlusskonzert riss ich die letzte Seite des Notenheftes heraus und klebte einen Zettel ein. Gemeinsam siegen oder alleine untergehen. Händchenhaltend durchs Leben oder Schostakowitsch bis in alle Ewigkeit.

»Willst du mit mir gehen?«, stand auf dem Zettel.

Ich erinnere mich nicht, ob Katja nickte, aber sie spielte fehlerfrei zu Ende.

Und morgen schreibe ich einen Roman

»Sagen Sie mal«, fragte mich die Verlagsdame, »könnten Sie sich eventuell vorstellen, generationsmäßig was für uns zu machen, romanmäßig meine ich?«

»Klar«, antwortete ich, »selbstredend könnte ich mir eventuell vorstellen, romanmäßig was Generationsmäßiges für Sie zu machen. Was stellen Sie sich denn so vor?«

»Na – ein Buch, Mann!«

»Wow! Und was soll da so drinstehen?

»Das überlassen wir ganz Ihnen. Der Fantasie sind schließlich keine Grenzen gesetzt. Vielleicht einen Roman über Ihre Jugend, sagen wir zweihundert Seiten, so Richtung Pop, Stuckrad-Barré, Lebert, Illies, die Kiste. Darf ruhig ein bisschen lustig sein. Abgedreht. Schrill.«

»Lustig ist prima. Ich bin Kabarettist, lustig habe ich drauf. Ich komme ja quasi von der Ironie her.«

»Wissen wir, wissen wir, aber das sollte man nicht so breittreten. Irony is over, verstehen Sie? Wir dachten mehr an eine Liebesgeschichte. Kann auch traurig sein. Aber nicht ausschließlich. Schon auch ausgeflippt. Eine schräge Story eben. Als Rahmen vielleicht: geschiedene Eltern, Internat – that way. Haben Sie da was in petto?«

»Also, ich war mal auf Klassenfahrt in Weimar ...«

»Das ist doch schon mal ein Ausgangspunkt. Nur – lassen Sie den Osten raus. Politik läuft nicht. Vielleicht beschreiben Sie eher, was Sie für Musik gehört haben damals. Und Drogen und so.«

»O ja. Im Bus lief immer eine Kassette von der Spider Murphy Gang. Und der Erwin hatte heimlich Bier in seine Trinkflasche getan. Mann, waren wir knülle. Und die Astrid hat uns dann beim Busfahrer verpetzt, da war ganz schön der Teufel los, kann ich Ihnen sagen.«

»Sehr gut, Herr Jochimsen. Ich sehe Ihre Inspiration ja förmlich sprudeln. Denken Sie nur daran, dass Ihre Erlebnisse generationsmäßig relevant sein müssen. Aber schon auch individuell, 'ne kleine Behinderung wäre nicht schlecht. Ansonsten geht es, um es salopp zu sagen, um die drei großen Fs: Fun-Sport, Ficken, Fernsehen! Was haben Sie denn so geguckt früher?«

»Ich durfte nur Tagesschau. Später kam dann die Sportschau noch dazu, weil die mein Vater auch geguckt hat. Und weil ich ja selbst auch gespielt habe, obwohl meine Füße verdammt klein waren.«

»Herrlich!«

»Ich habe im defensiven Mittelfeld beim SC Baldham gespielt. Darüber könnte ich doch schreiben. Das ist total generationsmäßig relevant.«

»Ach ja?«

»Wir haben alle beim SC Baldham gekickt. Alle! Und die Mädels haben auch alle zugeguckt. Da hätten wir dann auch die Liebesgeschichte drin. Ich bin immer an der Außenlinie auf und ab gerannt, weil da die Katja immer stand. Und als der Wolfi vom TSV mich gefoult hat, im Spiel gegen die 6b, hat sie mich getröstet. Die Katja ist dann später auch mit in Weimar gewesen. Da war allerdings der Erwin schon scharf auf sie. Wobei sie dann wieder mit dem Wolfi und ich mit der Astrid ... Sie sehen, es fügt sich alles zusammen.«

»Das hört sich gut an. Schreiben Sie einfach drauflos. Und remember: Ihre persönliche Geschichte ist gar nicht so wichtig. Entscheidend sind die sinnstiftenden Dinge Ihrer Generation. Klamotten, Bücher, Produkte und so weiter.«

»Das ist kein Problem. Wir hatten eh alle das Gleiche an,

Jeans und T-Shirt. Ein bisschen so wie die Jungs von *Burg Schreckenstein*. Die *Schreckenstein*-Bücher haben wir alle gelesen. Ottokar, Stefan, Strehlau, Dampfwalze, Sie wissen schon. Das waren unsere Vorbilder. Immer fair sein, einer für alle, alle für einen. Schreckenstein war noch besser als *Die drei ???*. Obwohl der Erwin, der Harald und ich heimlich auch *Die drei ???* gespielt haben. Erwin war Peter, Harald war Bob, der Tüftler, und ich war Justus. Als wir dann in Weimar waren, haben sie der Astrid den Geldbeutel geklaut. Da war das schon gut, dass wir detektivisch geschult waren. Wir haben den Fall übernommen, obwohl die Astrid uns verpetzt hatte beim Busfahrer ...«

»Prima. Bingo.«

»Leider haben wir den Dieb dann doch nicht gefunden, weil der Erwin sich irgendwann nur noch für die Katja interessiert hat. In Weimar. Aber ich bin mir sicher, dass es der Wolfi war, der war nicht nur beim Fußball fies. Gut, vielleicht war er es auch nicht, der Wolfi, aber im Buch könnte man es ja eventuell so drehen, dass ...«

»Sicher, der Fantasie sind schließlich keine Grenzen gesetzt. Und nicht vergessen: Talking 'bout your generation! Ahoi-Brause, Sunkist, Snickers, Mars ...«

»... Milchschnitte! Der Wolfi hatte immer eine Milchschnitte mit. Da hat man schon gesehen, dass mit dem was faul war. Wir anderen hatten alle gescheite Pausenbrote. In Tupperdosen. Wirklich alle! Die ganze Generation. Der Harald und ich hatten immer Käsebrote und der Erwin Wurst. Klar, dass der Wolfi da ziemlich neidisch war. Und das irgendwie kompensieren musste.«

»Wunderbar. Schicken Sie uns das Manuskript bis nächsten Dienstag. Und ein Jetztzeitbezug sollte natürlich drin sein. Vielleicht treffen Sie Ihre alten Kumpels in einer Kneipe und erinnern sich an früher oder so.«

»Im Stüberl!«

»Klaro, und möglichst abgedreht – generationsmäßig abgedreht.«

»Ich könnte ja ein Designer ohne Job sein oder ein Zauberlehrling oder ein arbeitsloser Schriftsteller, dem nichts einfällt, und dann fängt er an sich zu erinnern ...«

»Perfekt, super, Herr Jochimsen. Auf jeden Fall sollten Sie Golf fahren und eine Putzfrau beschäftigen.«

»Null Problemo. Der Fantasie sind schließlich keine Grenzen gesetzt.«

Wenn man sich lieb hat und nackt ins Bett legt, kommen die Babys.
Tagelang wälzten wir uns auf dem Laken, und nichts passierte. Vielleicht liebten wir uns nicht genug? Auf jeden Fall war es langweilig, also machten wir Doktorspiele.

Katjas Lieblingskrankheit war Ausschlag. Sie malte sich rote Punkte auf den Körper, und ich heilte sie mit einem feuchten Waschlappen. Sie mochte das und kam immer häufiger mit Unterleibsmasern an.

Umgekehrt diagnostizierte sie bei mir akute Haarlosigkeit im Schambereich, was sehr gefährlich wäre. Weil sie dort schon Haare hatte, glaubte ich ihr.

»Das wird jetzt etwas weh tun«, sagte sie und düngte die Problemzone mit Salz und Pfeffer.

Als die Therapie Jahre später tatsächlich anschlug, wollte ich wieder der Arzt sein. Aber Katja ließ sich nicht mehr von mir untersuchen.

»Für so was stecken sie einen ins Gefängnis«, sagte sie.

Ich ließ es nicht darauf ankommen.

Vielleicht hatte Tennessee Williams Recht. A streetcar named desire – das Verlangen, allgegenwärtig, rattert durch die Stadt. Seit langem sitze ich mal wieder in der Straßenbahn. In einer alten, mit Holz innen, und ein Musiker spielt ohne jede Ironie Stehblues. Kuschelrock auf der Geige. Schön eigentlich.

Nur das Schild stört. Eine absurde Anweisung für Bahnbenutzer. Oder aber: die einzige Regel für den Engtanz, denke ich. Jenes halbe Stündchen, früher auf den Feten, in dem das Licht erlosch und die langsamen Nummern gespielt wurden.

»Sollen wir tanzen?«

»Halt mich einfach nur fest, Baby!«

Die Lieder kamen von einem Tape, das irgendwer mühevoll aufgenommen hatte. Damals, als aufgenommene Kassetten noch Liebeserklärungen waren. Ohne Überspielkabel wäre das alles nicht möglich gewesen, denke ich. Spiel weiter ...

Endstation Sehnsucht.

Das Gesicht hinter der Scheibe

Das Gesicht hinter der Scheibe, jenes schemenhafte Abbild des Grauens, jene Fratze, die einen erstarren ließ, das Gesicht hinter der Scheibe war für mich über Jahre hinweg Karl-Heinz Köpcke. Der Nachrichtensprecher.

Als ich klein war, führten meine Eltern ein strenges Regiment, was das Fernsehen anging. Seit ich denken kann, hatten wir zwar immer einen Fernseher, einen Scala, aber der durfte – außer zur Tagesschau – auf gar keinen Fall angeschaltet werden. Es war zu gefährlich.

»Die Strahlung«, sagte meine Mutter immer, und die Gefahr, das Gerät könnte implodieren. Der Scala stand als geheimnisvoller, Staub fangender, dunkler Klotz in der Ecke des Wohnzimmers, auf einem mit Eichenimitat furnierten Beistelltisch. Das habe ich früh gelernt: Fernsehen war des Teufels. Nur nicht heimlich anschalten. Denn im Fernseher wohnte Karl-Heinz Köpcke. Der Mann ohne Unterleib. Und jeden Abend von acht bis Viertel nach acht las er Geschichten vor, seltsame, unverständliche Geschichten, und zeigte gruselige Filmchen. Danach musste ich ins Bett und hatte Alpträume. Karl-Heinz Köpcke war Satan, auch wenn man seinen Pferdefuß natürlich nie sah. Nur seinen Kopf und Oberkörper. In Brusthöhe war er auf einem Brett angeschraubt und vor ihm lagen die Zettel mit den Geschichten. Die las er mit monotoner Stimme vor. Und alle zehn Sekunden blickte er auf und sah mich mit seinen stechenden Augen durch die Scheibe an. Als wollte er sich vergewissern: »Hörst du mir auch zu, Kleiner?«

Wie gebannt lauschte ich ihm, doch ich verstand kein Wort. Es ist wahr, wenn ich wirklich einmal Angst hatte in meinem

Leben, also echte, tiefe, nackte Angst, dann war es die vor Karl-Heinz Köpcke.

Niemals, selbst wenn ich allein zu Hause war, habe ich mich getraut, heimlich den Fernseher anzumachen. Ich wollte nicht wissen, was der Teufel tagsüber macht. Aber magisch angezogen hat er mich doch, der schwarze Quader mit der Scheibe. Abgemessen habe ich ihn, mit dem Zollstock meines Vaters, 40 Zentimeter hoch und ebenso tief, exakt die Oberkörpermaße des Fürsten der Finsternis. Er passte da genau rein. Das Böse ließ sich empirisch belegen. Gut, dass es damals noch keine Flachbildschirme gab, das hätte mich wohl um den Verstand gebracht.

Ich kann das Gefühl nicht beschreiben, als ich das erste Mal jemand anderen als Karl-Heinz Köpcke in der Höllenmaschine erblickte. Andere Figuren, sie waren viel kleiner als er, schwarzweiß, trugen Cowboyhüte und liefen auf Zügen entlang, dann auch manchmal farbig, in Gymnastikstrumpfhosen, und sie sagten durch die Scheibe hindurch, ich solle Rumpfbeugen machen. So sahen die Schergen des Teufels aus? Gezeichnete Tiere, die sprechen konnten, oder alte, orangenhäutige Frauen, die ihre Finger in Spülwasser tunkten? Erst als ich mein erstes Fußballspiel im Fernsehen sah, konnte ich der Hölle positive Seiten abgewinnen. Wirklich angefreundet habe ich mich mit diesem Medium jedoch nie.

Zumindest gucken durfte ich, als ich älter wurde, doch die Magie des Kastens blieb. Und ich sah viel fern – wenn ich mal in die Hölle müsste, wollte ich mich ein wenig auskennen dort. Nur Filme, in denen Leute erschossen wurden, hatten meine Eltern nicht so gern. Das sei kein so gutes Beispiel für Kinder, sagten sie. Aber die Angst versuchten sie mir zu nehmen. Durch das helle Licht der Aufklärung.

»Die sind gar nicht in echt tot«, erklärten sie mir, wenn wieder einer im Fernseher starb, »die tun nur so.«

Nur in der Tagesschau gab es echte Leichen, aber das war ja auch das Viertelstündchen des Satans. »Alle anderen«, sagten meine Eltern, »spielen das nur, die stellen sich tot.«

Doch das konnte mir niemand weismachen. Die bluteten doch. (Und außerdem war der Scala immer noch das Reich Karl-Heinz Köpckes, auch wenn man ihn nicht sah, und der Teufel macht keine halben Sachen.) Überhaupt, das Sterben in den Western und Krimis war so scheußlich real. Ein Schuss fiel, und praktisch im selben Moment sagte der Getroffene: »Arrrgh! Es hat mich erwischt.« Und dann starb er einen furchtbaren und qualvollen Tod. Da konnten meine Eltern mir viel erzählen, ich wusste es besser. Und bei den Winnetou-Filmen zum Beispiel konnte ich oft nicht hinsehen. Sie waren ein einziges Gemetzel. Gottes Werk und Köpckes Beitrag.

Es war mein Opa, der eine andere Erklärung anbot. Pädagogisch wertvoll, versteht sich. Der Opa nahm mich ernst und sagte: »Ja, die sterben wirklich im Fernsehen, aber es sind Schurken. Sie haben es nicht besser verdient.«

Das war schon einleuchtender. Ich fragte genau nach, wie das alles so sei, das seien doch Schauspieler. Und der Opa erklärte mir, dass die Filmschurken im echten Leben Kriminelle seien. Mörder und Diebe, die zu lebenslanger Haft verurteilt in den Gefängnissen säßen. Man brauche aber eben auch Böse im Fernsehen und da nehme man eben Häftlinge. Da wäre es dann auch nicht so schlimm, wenn sie erschossen würden. Mein Opa hatte wirklich für alles eine Antwort parat.

»Die melden sich sogar freiwillig«, sagte er, »weil dann kommen sie mal raus aus dem Knast. Sterben oder lebenslang, wo ist da der Unterschied? Und der Anreiz für die Gefangenen ist ja auch nicht zu verachten. Weil, wenn sie durchkommen, wenn sie überleben, dann sind sie frei.«

Das lohnte sich, das sah ich ein. Und ich gebe zu, dass ich von da an die Winnetou-Filme mit etwas anderen Augen sah.

Manchmal fieberte ich regelrecht mit, mit Mario Adorf und den anderen Bösewichten.

»Kommt Jungs«, feuerte ich sie an, »ihr schafft das.«

Und wenn sie doch mit Blei vollgepumpt wurden oder in tiefe Schluchten stürzten, war es nicht so schlimm. Das ist die Strafe, so sagte ich mir, hättet ihr mal nichts ausgefressen früher. Jetzt müsst ihr zu Karl-Heinz Köpcke und büßen. Glücklicherweise traf es meist nur die ganz schlimmen Typen, und Winnetou war ja auch gerecht. Er gab ihnen eine faire Chance und knallte sie nicht einfach ab. Oft schoss er ihnen nur in die Beine. Und die Schurken waren dankbar:

»Merci, Winnetou, nur ins Knie, danke.«

Trotzdem war das alles nicht wirklich schlüssig, denn manchmal starben ja auch die Guten und irgendwann sogar Winnetou selbst. Da dämmerte mir, dass mein Opa vielleicht gelogen hatte. Ich versuchte mir noch einzureden, der Winnetou wird schon was angestellt haben oder der hat das nur gespielt. Auf jeden Fall ist mein Glaube ans deutsche Rechtssystem bis auf den heutigen Tag ein zwiegespaltener.

Und, nur um das abzuschließen: Der Tag, ich war Mitte zwanzig, der Tag, an dem Karl-Heinz Köpcke starb, war ein sehr, sehr seltsamer Tag.

Alles fing damit an, dass Katja Samuel kennen lernte. Den Sohn des Pfandleihers. Die Idee schien genial: Erwin und ich brachten die Sachen ins Pfandhaus, Samuel holte sie dort heimlich aus dem Schrank und brachte sie uns zurück. Auf diese Weise wogen wir das Playmobil-Piratenschiff und andere wertvolle Dinge in Barem auf. Samuel durfte Katja dafür küssen, ich war rasend vor Eifersucht, aber letztlich hatten wir alle etwas davon.

Die Schwachstelle des Plans war Herr Grohmaier, unser Deutsch- und Lateinlehrer. Als er uns von der Entstehung der Namen erzählte, von Omen, Macht und Diffamierung und davon, dass sich nach dem Krieg alle, die Hitler und Goebbels hießen, umbenennen durften, die Goldmanns und Theuerkauffs jedoch nicht, hielten wir es kaum aus vor schlechtem Gewissen.

Katja und Samuel selbst gingen schließlich zu seinem Vater und beichteten die Geschichte. Händchen haltend.

»Sie haben aber auch schöne Lippen«, sagte der lachend und, dass Tucholsky das so nicht gemeint hätte. Dann sang er: »Küsst die Faschisten, wo ihr sie trefft«, und er wollte gar nicht mehr aufhören zu lachen.

Mit dem Piratenschiff haben wir nie mehr gespielt.

»Aber gut sah sie schon aus.« Keine Ahnung, wer auf die bekloppte Idee kam, das »Lernziel Drittes Reich« ausgerechnet halbwüchsigen Schülern näher bringen zu wollen.

»Von der Bettkante hätte ich die Sophie Scholl nicht geschubst«, sagte Wolfi.

»Aber vom Wachturm schon, du Nazi«, meinte ich, dachte dabei aber an Katja.

Die guckte weg. Pubertät und Widerstand, meine Fresse. Graf Stauffenberg, des Lehrers liebstes Kind:

»Über Jahre waren das lecker Faschisten«, sagte Erwin, »und dann kriegen sie noch nicht mal 'ne anständige Bombe hin.«

»Gewalt ist eh keine Lösung«, murmelte Astrid.

Katja kritzelte »Spandau Ballet« aufs Mäppchen. »Ob Eva Braun den Hitler geliebt hat?«

Aua.

Wir gingen aus dem miefigen Schulungsraum, und Astrid ließ die Luft aus Katjas Fahrrad.

»Findest du Sophie Scholl auch sexy?«

Wenn ich jetzt ja sage, dachte ich, verlässt sie mich. Das wäre es wert gewesen.

Mein schönstes Ferienerlebnis

Früher konnte ich die Ferien nie genießen, wegen der Schule. Die war immer so präsent. Vor allem Deutsch. Der Deutschunterricht war das Schlimmste. Vor allem in den Ferien.

Als Schüler quälte ich mich die Hälfte meiner freien Zeit mit dem Gedanken an den zu Schulbeginn obligatorischen Deutschaufsatz »Mein schönstes Ferienerlebnis«. Ich habe es gehasst. Die ganzen großen Ferien klopfte ich auf Erlebnishaftigkeit ab. Ich konnte gar nichts mehr einfach so erleben. Ständig wummerte diese Frage im Hinterkopf: »Ist es aufsatzrelevant?«

Erlebte man mal etwas Schönes, zum Beispiel einen zweiten Platz beim Ferienpass-Mal-Wettbewerb der katholischen Kirchengemeinde, wusste man nicht, ob das jetzt schon das *schönste* Ferienerlebnis war. Denn zwei Wochen später sollte es ja mit den Eltern auf diesen FKK-Campingplatz an der Riviera gehen, wo es in der Regel auch viel Schönes zu erleben gab, speziell im Bereich der menschlichen Anatomie.

Und dann war der Urlaub auf einmal vorbei, an die ersten Wochen konnte man sich nicht mehr erinnern, die menschliche Anatomie der freien Körperkultur war so spannend doch nicht gewesen, und eh man sich's versah, saß man rauchenden Kopfes über dem Aufsatzheft. Diese linierten Hefte mit dem vorgegebenen farbigen Einband!

»Lasst Rand für die Korrekturen«, sagte die Lehrerin immer, »lasst Rand für die Korrekturen, am besten, ihr knickt einige Zentimeter ab.«

Und dann musste man auf die erste Linie »Mein schönstes Ferienerlebnis« schreiben, das mit einem farblich vorgegebenen Faber-Castell-Buntstift und dem Lineal zweimal unterstreichen, dann zwei Zeilen frei lassen und das Schönste, was man in den letzten Wochen erlebt hatte, zu Papier bringen. Ich meine, es war schon schwierig genug, mit den Buchstaben diese blöden Linien zu treffen, und nicht bei den vielen kleinen gs oder js in die tiefer gelegene Zeile abzurutschen, geschweige denn, sich an den Urlaub zu erinnern. Die Ferien kamen mir im Nachhinein regelmäßig grau und farblos vor, nichts hatte ich erlebt, nichts, nur wieder wertvolle Zeit meines Lebens vergeudet. Alle kritzelten wie wild in ihre Hefte, nur ich hatte nichts zu berichten. Mein Leben war so armselig, so langweilig, so kalt. Schon damals schwor ich mir: Wenn ich mal groß bin, fahre ich im Urlaub in die Schweiz und erlebe nichts!

Nur ein einziges Mal, ich erinnere mich genau, hatte ich wirklich was zu erzählen. Da habe ich mich die ganzen Ferien auf den Schulbeginn gefreut. Als wir dann den Aufsatz schreiben sollten, begann ich ohne zu zögern: »Diese Ferien ist mein Opa gestorben. Die Beerdigung war toll. Ich durfte so viel Cola trinken, wie ich wollte, und Pommes essen und Pacman spielen am Automaten ...«

Es war wirklich toll gewesen, die Eltern sprachen beim Leichenschmaus über den Opa, was für ein feiner Mensch er doch gewesen sei, »ein Nazi, sicherlich, aber ein feiner Mensch«, und wir kleinen Kinder bekamen, was wir uns wünschten. Das war das Entscheidende: Wenn Trauer herrscht, ist Pädagogik ausgeschaltet. Man will die Kleinen nicht noch mehr belasten.

Wir Kinder haben das ausgenutzt und die verbotenen Sachen bestellt: »Kann ich noch eine Cola haben, bitte. Noch eine Cola, bitte. Bitte gleich fünf Cola noch. Und eine Cola, eine Cola, noch eine Cola. Kann ich noch eine Cola ...«

Wurden die Eltern dann doch streng, reichte ein ganz leises: »Der Opa hätte uns jetzt bestimmt noch eine Cola gekauft.«

Super. Abends waren alle rotzebesoffen, haben auf den Tischen getanzt und wir Kinder durften zum ersten Mal aufbleiben bis nach Mitternacht – wir waren noch ziemlich wach. Der einzige Wermutstropfen war, dass der Opa nicht mitfeiern konnte.

Ich erinnere mich gern an meinen Opa. Er hatte Zeit, war Kriegsinvalide und der Einzige, der sich so richtig um uns Kinder gekümmert hat. Er hat was mit uns unternommen, ist mit uns raus, in den Wald, ins Moor. Er hat uns gezeigt, wie man mit Fröschen spielt, und dass die auch rauchen können. Das war spitze. Der Opa hatte immer ein Päckchen Reval dabei, ohne Filter, er hat uns ziehen lassen und uns nicht verpetzt, was schon mal genial war. Und dann erklärte er uns das mit den Fröschen. Er nahm einen in die Hand, drückte ihn seitlich ein, dass sich die Lippen schürzten, und steckte die Kippe vorne rein. Dann paffte der Frosch richtig. Und bei jedem Zug blähte es den Frosch mehr auf, bis es ihn am Schluss zerriss. Das war klasse mit dem Opa.

Die Oma fand es nicht so gut, wenn uns der Opa wieder was beigebracht hat. Sie hat geschimpft. Und sie hatte viel Grund zum Schimpfen. Deswegen erinnere ich mich auch lieber an den Opa als an die Oma. Das hat sie jetzt davon.

Genau so habe ich das damals im Münchner Osten ins Aufsatzheft geschrieben. Ich bekam eine sehr schlechte Note.

Mein erstes Stofftier war ein Bär. Ich nannte ihn Teddy-Freddy. Wenn man dem Bären auf den Bauch drückte, brummte er, und das vertrieb die bösen Träume. Recht bald aber hatte Freddy nicht mehr viel von einem Teddy. Ich hatte ihn ziemlich entbärt: nur noch ein Ohr, die Augen hingen raus ...

Er brummte auch nicht mehr.

»Der Bär hat bloß Bauchweh«, sagte mein Opa, aber nach der Cola-Therapie und der nötig gewordenen Operation sah Teddy nicht mehr gut aus. Mein Opa sammelte die Holzwolle ein und sagte, er kenne einen Laden, der das wieder hinkriegt. Ich sah Teddy-Freddy nie wieder.

Dabei hatte ich den Bären vom Opa bekommen. Als Entschädigung. Der Opa hatte mich einmal mit ins Kino genommen, in *Bambi,* und auf dem Rückweg fuhr er ein Reh tot.

Das Gesicht hinter der Scheibe II

Vielleicht habe ich die Ratschläge meines Opas zu sehr verinnerlicht. Bis heute komme ich nicht von seinen Erklärungen los. Bis heute habe ich nach wie vor ein ausgesprochen komisches Verhältnis zu Fernseh-Fressen. Keine Ahnung, warum. Wenn ein Gesicht in der Flimmerkiste sehr präsent ist, baue ich eine komische Beziehung zu ihm auf. Ich rede mit ihm, ich träume sogar von ihm, ich will ihn verstehen. Den Menschen im Kasten.

Schlimm war und ist das mit Mika Häkkinen. Mika Häkkinen in der Sauna, Mika Häkkinen in Rom, Mika Häkkinen auf dem Mond.

»Alter Swede!«

Am allerschlimmsten aber war es letztes oder vorletztes Weihnachten. Das liegt daran, dass ich da sehr viel ferngesehen habe. Ja, auch *Titanic* habe ich mir angeguckt. Was für eine Scheiße. Jeder weiß, wie der Film ausgeht, und alle schauen ihn an. Drei Stunden lang geht ein Schiff unter und dazwischen 480-mal Werbung. 480-mal Mika Häkkinen beim Geschenke einpacken. Ich wusste am Schluss nicht mehr, ob er mitspielt in *Titanic* oder nicht.

Ein diabolischer Werbespot. Wenn man genau hinhörte, verstand man, was er sagte, der finnische Automobilrennfahrer.

»Nur der Inhalt zählt«, sagte er immer wieder, deutete auf sein trauriges Päckchen und guckte noch trauriger in die Kamera. Ende.

Zuerst dachte ich: Wie, das war's schon? Guck nicht so finnisch, Rennfahrer, du packst jetzt deinen Inhalt einfach wieder aus und gibst dir beim nächsten Mal gefälligst mehr Mühe.

Das kann doch nicht so schwer sein. Und dann wieder derselbe Krampf. Wurstel, wurstel, raschel, raschel. »Nur der Inhalt zählt.« Trauriger Blick. Ende.

Mika, das ist ein simples Päckchen!

Aber dann dachte ich: Das kann es nicht sein. Ich kenne doch meine Gesichter hinter der Scheibe. So blöde ist der nicht, der Finne. Der war Formel-1-Weltmeister, der ist von allen Menschen der ganzen Welt einer der Schnellsten beim Mit-Autos-um-die-Wette-Fahren-auf-RTL. Das ist ein Sportler. Der hat Ehrgeiz. Ich bin mir sicher, dass er sich perfekt auf diesen Spot vorbereitet hat. Und bei den Dreharbeiten konnte er das, aber hallo. Gleich beim ersten Take legte er blitzschnell ein 1a-Päckchen hin. Zack, fertig! Hier, der Inhalt ist mir scheißegal, aber es sieht super aus und die Zeit war spitze.

Der Regisseur hat ihn gezwungen, das anders zu machen, obwohl Mika das gar nicht wollte.

»Wieso? Ich hab's doch geübt. Männo.«

Es ist schlimm, etwas schlecht machen zu müssen, wenn man es eigentlich gut kann. Eine Qual ist das, eine köpckeske Tortur. Ich sehe es dem Spot förmlich an, wie der Regisseur den armen Mika immer wieder auffordert: »Nur noch dieses eine Mal.«

Wurstel, raschel, trauriger Blick. Und der fatale Satz: »Nur der Inhalt zählt.«

Das ist das Schlimmste, weil es eine gottverdammte Lüge ist. Mika weiß das. Und er kann nicht lügen. Finnen können prinzipiell nicht lügen, sie können nur Auto fahren und traurig sein. Wenn sie lügen müssen, werden sie besonders traurig. Ja, Mika weiß, dass der Inhalt Dreck und Betrug ist, und zumindest schön verpacken würde er ihn gerne. Aber er darf nicht. Und das ist traurig. Scheiße verschenkt er, die auch noch scheiße verpackt ist. Eine Scheiß-ISDN-Anlage, die nicht funktioniert, bei der die Scheiß-Anklopffunktion nicht geht und bei der immer alle Nebenstellen gleichzeitig klingeln. Oder es ist ein Handy drin, ein Scheiß-Handy, mit dem man kein Netz hat in Finnland, mit dem man noch nicht mal die Scheiß-Mobilbox erreicht, weil man die Ausland-Mobilbox anrufen muss und Mika seine Geheimzahl vergessen hat. Er kennt die ganze Scheiße doch. Und sitzt rum, mit seinem Handy in Finnland. Wo es scheißkalt ist und immer dunkel und traurig und er hat niemand, mit dem er reden kann.

Sicher, er hat Millionen, aber Geld allein macht nicht glücklich. Das sehe ich doch. All das sehe ich dem Werbespot doch an. Der Traurigkeit in Mikas Gesicht. Ich sehe sogar, dass er eigentlich lieber in Finnland geblieben wäre. Trotz allem. Eigentlich wollte er nur Auto fahren.

Aber irgendwie ist ihm das entglitten, irgendwie fuhr er direkt in die dunkle Kiste hinein, in den Scala-Fernseher auf dem Beistelltisch aus Eichenimitat. Und da sitzt er nun in der Hölle und muss Päckchen packen und lügen und mit ansehen, wie die Titanic untergeht, und immer trauriger werden. Abgrundtief traurig. So ist es, in Köpckes Reich. Ein Teufelspakt, der selbst die besten Köpfe in Gesichter voll schwefliger Karl-Heinz-Haftigkeit verwandelt.

Niemand weiß genau, warum Mika so plötzlich aufgehört hat mit dem Profisport – ich aber kenne den Grund. Wer seine Seele verkauft, muss dafür bezahlen. Mika wird zurückkommen, und wenn er dann irgendwann einmal gegen einen Baum fährt oder in die Reifenstapel und sich mein Fernsehapparat in ein Flammenmeer verwandelt, dann weiß ich, er hat das so gewollt. Das ist keine Strafe, denn Mika ist ein Guter.

Was bleibt, sind all die teuflischen Gesichter hinter der Scheibe. Und die Befürchtung, dass mein Opa eventuell doch Recht hatte.

Alles, was wirklich von Belang war, habe ich im Wald gelernt. Die Angst zu überwinden, wenn es dunkel wurde. Die Stille zu suchen, wenn man sie nötig hatte. Die Pfade zu verlassen, wenn sie ausgetreten waren. Ich lernte, dass die Räuber ganz woanders sind, dass ein Kompass besser ist als Brotkrumen und dass man von Ameisenpisse doch nicht stirbt.

Und dass Schweizer Messer wirklich weh tun – wenn man sie im Hosensack hat und dann genau da drauffällt. McGyver, du Penner, wann hast du das letzte Mal ein Herz in die Rinde geritzt?

Wer kann es vergessen, das erste Feuer, das erste Versteck? Der Wald, und nicht die Welt, war der beste aller Orte.

Mit Katja bin ich einmal dorthin abgehauen. Wir schafften Vorräte ins Baumhaus. Wir griffen nach den Sternen. Wir trugen Eulen nach Athen.

Heute ist das längst verboten.

Das mumpfigste Gerede ist das über den Body. Damit das mal klar ist: Eine Waschbrettwampe ist ungeschmeidig, ein »Six-pack« gehört in den Bauch und nicht davor und »Ins-Fitness-gehen« oder »Mucki-Bude« sind schlimme Kollateralschäden der deutschen Sprache. Und doch bin auch ich mal …

Vor langer Zeit freilich, als der Körper noch kein Kult war, sondern mit Leggins und Schweißbändern verhüllt wurde. Die Jungs machten Bodybuilding, die Mädels Aerobic – und Phil Collins den Sound dazu.

Wegen Katja besuchte ich einen Gymnastikkurs. Nicht, weil auch sie dort an ihrer Biegsamkeit feilte, nein, sie hatte mich einer harten Prüfung unterzogen. Bevor ich sie nämlich mit der Zunge berühren dürfe, müsse ich erst mal mit dieser an meinen Ellenbogen rankommen.

Ha, ha. Aber probieren Sie es ruhig: mit der Zunge an den eigenen Ellbogen …

Um es kurz zu machen: Während ich schwitzend für die Liebe trainierte, stellte Katja Wolfi vor weit einfachere Aufgaben. Ich aber hatte ein Ziel. Und ich habe es erreicht!

Hörst du das, Katja? Ich kann es jetzt!

Klippschliefer und Meuchelpuffer

Manchmal habe ich so Phasen. Da denke ich über Couchgarnituren nach oder sage so Sachen wie: »Ach, 'ne neue Espressomaschine wäre auch nicht schlecht. Oder ein Soda-Streamer. Dann bräuchte ich keine Sprudelkisten mehr zu schleppen.«

Im selben Moment denke ich aber: Mann, wie spießig. Und weil ich das nicht sein will, kaufe ich keinen Soda-Streamer, sondern denke mir, dass ich mal mehr über mich nachdenken sollte. Und mit meiner Vergangenheit sollte ich ins Reine kommen, denke ich. Und mich von Gewalttaten in der Jugend distanzieren. Du solltest besser mal was machen, denke ich, was Politisches. Ich mache dann aber lieber was anderes.

Tierfilme gucken zum Beispiel. Am besten alte, in denen zehn Minuten lang ein Hase ungeschnitten durchs Bild hoppelt. Und der Sprecher sagt: »Ein Hase.«

Und fünf Minuten später: »Er hoppelt.«

Mein Lieblingstier ist der Klippschliefer. In Filmen über den Klippschliefer sagen die Sprecher meistens gar nichts, weil es kaum etwas zu sagen gibt. Klippschliefer leben in der Wüste und liegen auf Steinen rum. Sonst tun sie eher nichts. Man geht aber davon aus, dass es sehr alberne Tiere sind, weil sie so lustig rumliegen. Sie sonnen sich rücklings auf einem Stein, halten ihre Pfoten tuntig an den Kopf und schnarchen provozierend. Mehr ist nicht. Oder man weiß es nicht.

Der alte Brehm weiß noch nicht mal, ob der Klippschliefer »zur Gattung der Elefantentiere oder zu den Paarhufern« gehört. Das finde wiederum ich komisch, weil der Klippschliefer ungefähr so groß ist wie ein Hamster und auch so aussieht. Am besten aber gefällt mir das Wort. Ich habe eine Schwäche für schöne Wörter, und »Klippschliefer« ist so ein Wort. Oder auch »Meuchelpuffer«. Letzteres mag ich fast noch lieber, obwohl es faschistischen Ursprungs ist. Dafür schäme ich mich.

Man kennt doch diese immer wiederkehrenden Bestrebungen, die bösen Anglizismen aus der deutschen Sprache zu tilgen. Das gab's früher schon, und die Sprachschergen der Nazis schlugen unter anderem vor, das angelsächsische Wort »Revolver« durch das germanische »Meuchelpuffer« zu ersetzen. Es war nicht alles schlecht unter Hitler, denke ich. Dafür schäme ich mich besonders. Trotzdem liebe ich das Wort. »Meuchelpuffer« ist niedlich, fast schon zart, aber auch angemessen brutal, wie es sich für eine Waffe gehört.

Ich weiß noch, wie wir uns als Kinder immer endlos darüber stritten, welche Pistolen nun besser wären, die mit der teuren Munition, acht Patronen im Plastikring, oder die billigeren, mit hundert Schuss auf dem zur Schnecke gewickelten Papierband. Erstere waren richtig laut, sie hatten eine echte Trommel und einen Hahn zum Spannen, aber eben auch den Nachteil, dass man oft nachladen musste. Das war das Plus der billigeren Waffe: Hundertmal Schießen ist für Kinder eine Ewigkeit. Darüber hinaus ließ sich die Papiermunition zur Not auch ohne Pistole abfeuern, indem man einfach mit einem Stein darauf schlug. Dann machte es »piff« und wieder »piff« – »Meuchelpiffer« wäre eigentlich das korrekte Wort.

Ich erinnere mich daran, wie wir im Fasching mal einen Supermarkt überfallen haben. Schwer bewaffnet stürmten wir das Geschäft und verlangten die Tageseinnahmen sowie Schokolade. Jahre vor Tarantino sagte Erwin Moser mit eiskalter Miene: »Können Sie auf neun Millimeter herausgeben?«

Die Kassiererin machte sich fast in die Hose vor Lachen, was ein Fehler war, denn während Erwin und ich sie ablenkten, räumte Harald Meyer das Süßigkeitenregal leer.

Von dieser Gewalttat müsstest du dich endlich mal distanzieren, denke ich, obwohl ich auch ein bisschen stolz bin. Früher warst du wild, du Spießer! Vielleicht sollte ich wieder mal einen Supermarkt überfallen? Am besten den um die Ecke, den sie umgebaut haben, der hätte es nicht besser verdient. Bis letztes Jahr war es einfach peinlich, jemandem mit dem Einkaufswagen in die Hacken zu fahren, jetzt gehört es zum Programm, so eng sind die Gassen. Und man findet nichts. Nach neuesten Feng-Shui-Methoden umgestaltet, stehen die Tütensuppen beim Klopapier und das Haarspray bei den Erbsendosen. Der neue Supermarkt ist schuld, dass ich mir nun doch einen Soda-Streamer kaufen muss, weil ich die Sprudelkisten gar nicht mehr finde. Trutzburggleich thronen sie in der Mitte des Ladenlabyrinths und es dauert Stunden, bis man rankommt. Wahrscheinlich würde ich bei meinem Überfall nichts erbeuten, sondern die Verkäuferinnen mit vorgehaltenem Meuchelpuffer zwingen, alles wieder umzuräumen.

Natürlich tue ich nichts dergleichen, sondern denke, dass früher einfach alles besser war. Und dann denke ich, dass ich eigentlich gerne ein Klippschliefer wäre. Ich würde rumliegen und mir überlegen, ob ich mal ein Elefant oder ein Pferd werden will, wenn ich groß bin.

Ach, 'ne neue Espressomaschine wäre auch nicht schlecht.

Irgendwie ist der Gegenwart das Trampen abhanden gekommen.
Leergefegt die Parkplätze und am Straßenrand warten keine Geschichten mehr. Sind alle zu reich geworden, zu feige oder einfach erwachsen?

Für mich gehört Trampen in eine Zeit, in der man es noch gar nicht so nannte, sondern »per Anhalter fahren«. Sonst hätte ich es eh nicht verstanden, weil meine Pubertät unschuldig und ohne Englischkenntnisse begann. Musik war nichts als Musik und der Text Fantasie:

»Leik a wörtschin, tatscht for se weri först teim.«

Natürlich schauten wir in die Übersetzungsrubrik der *Bravo:* »Wie 'ne Jungfrau.« Oder: »Ich bin ein materielles Mädchen.«

Was auch immer das heißen mochte, egal: Sparschwein geschlachtet, Daumen raus und einfach los. Sollte ich mal wieder machen. Heute kann ich Englisch, und die Liebe wartet irgendwo da draußen.

»Irgendwo kommt man immer an«, singen die Waco Brothers.

»And at the end of the road is a dance-hall.«

Winnetous Wiederauferstehung

Das Allerschlimmste jedoch war definitiv *Winnetou III*.

Was habe ich das gemeine Bleichgesicht dafür gehasst, dass es Pierre Brice erschossen hat und nicht den versoffenen Lex Barker, Old Zitterhand, der ein paar Jahre später ganz von selber starb. Das hätte nicht sein müssen. Alle Toten in den Winnetou-Filmen habe ich akzeptiert: Inschuschuna, Ntschotschi, Apanatschi. Sie waren mir scheißegal, aber warum musste Winnetou sterben?

Bis heute verfolgt mich diese grauenvolle Szene, in der sich Winnetou, seinen Blutsbruder schützend, in die Kugel wirft. Martin Böttchers Musik öffnet die Schleusen für den Tränenfluss und der Häuptling der Apachen geht mit den unglaublichen Worten »Charlie, ich sterbe als Christ« in die ewigen Jagdgründe ein.

Was für ein Satz. (Das hätte der Papst sagen können. Papst Johannes Paul soll bei dem Attentat auf ihn damals gesagt haben: »Verdammte Scheiße, es blutet.« Und das auch noch auf Polnisch.) »Charlie, ich sterbe als Christ« wäre sogar ein Satz für den Jesus gewesen. Nicht: »Vater, Vater, warum hast du mich verlassen?«, sondern: »Charlie, ich sterbe als Christ.« Hätte er sich halt rechtzeitig taufen lassen müssen, der Jesus. So ist er als Jude umgebracht worden – ohne deutsche Beteiligung. Will heute niemand mehr wissen. (Wenn man beispielsweise den Bischof Dyba auf den Jesus ansprach, hieß es: »Das mit dem Juden haben wir nicht gewusst.«)

Der Kirche wäre der Jesus als toter Christ auch lieber gewesen, dann wäre er vielleicht so ein Star geworden wie der Winnetou. Es gibt ja ohnehin viele Gemeinsamkeiten zwischen

Winnetou und Jesus: Beide trugen feminine Haartracht, beide wurden verfilmt, beide hatten nie Sex – sagt man. Und: Beide sind auferstanden. Jesus am dritten Tage, und Winnetou vor ein paar Jahren im ZDF.

Genau genommen war es im Januar 1998. Meine Herren, war ich aufgeregt, ein neuer Winnetou! Ich erinnere mich daran, als wäre es gestern gewesen. Wir sahen den Film im Stüberl, wie früher, Harald, Erwin und ich, sogar Astrid war gekommen. Nur Katja fehlte, was mich allerdings gar nicht so stresste, ich hatte ohnehin nur Augen für den einzig wahren Helden. Gott im Himmel, *Winnetous Rückkehr*, mit Pierre Brice, im zarten Alter von fast siebzig Jahren!

Schon komisch, als die 68er-Revolte ihre ersten, zarten Knospen entfaltete, ist Winnetou regulär gestorben, um dreißig Jahre später, rechtzeitig für uns, aufzuerstehen. Seien wir ehrlich, das hätte ein so geiles Remake werden können, wenn man bedenkt, wer da damals alles mitgemacht hat: Mario Adorf, Eddi Ahrendt, Götz George und natürlich Uschi Glas als Halblut Apanatschi mit bayerischem Akzent. Aber nein, außer Pierre Brice war niemand dabei, kein einziger Star. Nicht mal Veronika Ferres oder Heiner Lauterbach – und die dürfen sonst immer mitmachen.

Immerhin: Pierre Brice ritt wieder gegen das Böse an. Das stand schon in der Fernsehzeitschrift: Der Häuptling der Apachen war gar nicht tot – wenn ich das gewusst hätte! Er wurde in *Winnetou III* nämlich nur verwundet, kroch blutend in die Rocky Mountains und wurde von einem weisen Medizinmann gesund gepflegt.

Eingeweihte wissen, dieser Medizinmann kann nur Klekipetra gewesen sein. Man kennt ja diese homöopathischen Naturheilverfahren – das kann schon mal dreißig Jahre dauern. (Gedreht wurde *Winnetous Rückkehr* übrigens in Andalusien und nicht mehr wie früher in Jugoslawien, aber das sieht einfach nicht gut aus, wenn Iltschi versehentlich auf eine serbische Tellermine tritt.)

Wie gebannt saßen wir vor dem Fernseher und für den Fall, dass jemand den Film nicht gesehen hat, werde ich ihn jetzt nacherzählen: Gleich zu Beginn sah man Andalusien im Schnee, dazu erklang die unvergessliche Melodie und am Horizont ritt ein Mann ins Bild: ER, Pierre Brice, 69 Jahre alt. Zunächst stirbt das Pferd, logisch, ganz ohne Tellermine, einfach so. Zweite Szene: Winnetou beobachtet vom Berg aus die Prärie. Direkt unter ihm befindet sich eine Straßenkreuzung. Von links kommen böse Weiße, rassistische Indianerkiller, von rechts noch bösere Weiße, rassistische Eisenbahnbauer, von der dritten Seite gute Weiße, Quäker – auch rassistisch, wollen aber nur beten und siedeln –, und als viertes endlich echte Indianer: »Tanka und Taschatunga« – da hörte man schon an den Namen, dass die nicht mehr lange leben würden.

Alles war prima, bis nach 35 Filmminuten Pierre Brice zum ersten Mal den Mund aufmachte. Früher konnte Winnetou sämtliche Indianersprachen fließend und heute kann er nicht mal mehr deutsch. Winnetou ist alt, okay, er kann nicht mehr reiten, von mir aus, aber ich will keinen Winnetou mit französischem Akzent. Das ist doch kein Idol: »Mein weißer Brüder, du darfsch keine Ongst 'aben!«

Oder noch schlimmer: »Isch 'abe geschprochen, 'ügh!«

Das ultimative Grauen stellte dann allerdings der Blutsbrüderschluß im Zeitalter von Aids dar! Früher haben sich Winnetou und Old Shatterhand den ganzen Unterarm aufgerissen und heute pieksen sie sich mit sterilen Nadeln in die Fingerkuppen. Ich wollte Winnetou sehen und nicht den Landarzt! Aids war ohnehin ausgeschlossen: Pierre Bricens neuer Blutsbruder war neun Jahre alt, und er selbst ist HIV-negativ: Winnetou hatte noch nie Sex. Aber fast. Denn es gab ja noch »Mary«, eine mit zahlreichen visuellen Vorzügen ausgestattete

Blondine. Und die setzte dem Häuptling ganz schön zu. Allein, Winnetou widerstand und sagte: »Mary, es geht nischt, du bisch weiß, und isch bin eine Rot'aut!«

Kein Wort davon, dass er bald siebzig ist und das Mädel zwanzig!

Ich will so was nie wieder sehen! Aber weitere Folgen sind schon geplant, und im nächsten Winnetou-Film, da bin ich mir sicher, wird auch Götz George wieder mitspielen. Und »Schimanski« wird zu dem dann 78-jährigen Pierre Brice sagen, dass Sex im Alter echt geil kommt. Winnetou wird in seine Höhle humpeln und zum ersten Mal heimlich onanieren: »Ups, isch komme!«

Alsdann wird Uschi Glas als Halbblut Apanatschi zu ihm treten und mit einer Rolle Zewa Wisch und Weg das erste, zarte Indianersperma mit einem Wisch abtupfen. Und hoffentlich wird auch Mario Adorf wieder dabei sein und alle ein für alle Mal abknallen.

Erstarrt und fassungslos saßen wir im Stüberl. Erwin und Harald heulten, Astrid hielt meine Hand. Wir dachten an früher, an Liebe und Blutsbrüderschaft. Gesagt hat keiner was, aber gedacht haben wir es alle: Nur ein toter Winnetou ist ein guter Winnetou.

Keine Wendemöglichkeit

Leonhard Kuckart

Die neue CDU im Westen
CDU

Unser alter Lateinlehrer ist schwul! Als Erwin und ich davon erfuhren, hat es uns umgehauen. Der mürrische Herr Grohmaier, 35 Jahre lang verheiratet. Als Schüler stellten wir ihn uns immer am Schreibtisch sitzend vor, wie er möglichst knifflige Stellen aus der römischen Literatur für die Tests raussuchte. Händereibend: »Da kommen sie nie drauf.«

Er liebt jetzt einen Politiker. Heimlich. Er kennt ihn noch nicht mal, nur sein Bild. »Ihr müsstet ihn sehen«, erzählte er uns, »sein Blick ist voller Wärme, und wenn er lacht, werfen seine Wangen kleine Grübchen auf. Verlieren könnte ich mich in seinem Antlitz.«

Mir gefiel, wie er sprach. »Und das Beste ist seine bedingungslose Ehrlichkeit«, sagte er.

Konjugiere schwärmen, dekliniere Tragik! Ob sich unser Lateinlehrer noch daran erinnert, wie er Passagen in Ovids *Liebeskunst* schwärzte? »Non scholae sed vitae discimus«, sagte Herr Grohmaier. Händereibend.

Meine faschistische Quetschkommode

Im Folgenden was für die älteren Leser: Sprechen wir über Faschismus. Und zwar über den richtigen, nicht über den, den sie heutzutage »Rechtsradikalismus« nennen, den man eventuell sogar ein bisschen verbieten sollte oder auf den Guido Westerwelle damals bei *Big Brother* aufmerksam gemacht hat. Ja, so hat er das damals formuliert, der Westerwelle: Nicht aus populistischen Gründen habe er sich im Big-Brother-Container die Ehre gegeben, sondern »um auf den Rechtsradikalismus aufmerksam zu machen«. Und das macht man eben immer noch am besten, indem man ein Lager besucht.

Nein, wir wollen über Faschismus sprechen. Es ist nämlich so, dass ich geerbt habe. Zum ersten Mal habe ich etwas geerbt: das Akkordeon meiner Großmutter mütterlicherseits nämlich, wahrscheinlich wollte es sonst niemand haben.

Auf jeden Fall erhielt ich – notariell beglaubigt – »eine diatonische Knopf-Harmonika des Herstellers Hohner, ges. Baujahr 1941, Wert unb.« Das Einzige, was mir der Notar erklären konnte, waren die Abkürzungen: Wert unbekannt, gesichertes Baujahr 1941.

Seitdem denke ich intensiv über mein Akkordeon und den Faschismus nach. »Quetschkommode« sagte meine Oma immer – aber 1941 gebaut? Ich rief die Firma Hohner in Frankfurt an.

»Ja, 1941 haben wir hergestellt«, sagte der Herr und, nein, er wisse nicht, ob man Zwangsarbeiter beschäftigt habe. Die Frage war mir so rausgerutscht. An meiner Quetsche ist viel Blech dran und ich wollte schon wissen, ob das kriegswichtige Material heimlich ans Instrument geschmuggelt wurde, mein

Akkordeon also ein Akt des Widerstandes war. Oder ob die Nazis ganz bewusst in Kauf nahmen, den Krieg zu verlieren, um Musikinstrumente bauen zu können.

Das sind so Fragen. Klebt Blut an meiner Ziehharmonika? Was wusste meine Großmutter? Darf ich überhaupt auf einer faschistischen Quetschkommode spielen? Das ist übrigens ganz schön schwer, links und rechts Knöpfe, beim Ziehen und Zusammendrücken unterschiedliche Töne ...

Zum Glück habe ich eine Akkordeonschule dazugeerbt, ebenfalls aus den frühen Vierzigern, inklusive »einer Notation und Grifftabelle, die auf Geheiß der Reichsmusikkammer entwickelt wurde, um das Erlernen des Harmonikaspiels zu vereinfachen«. Sachen gibt's! Nummern für die Knöpfe rechts und Buchstaben für die links. Kann ja nicht so schwer sein. Das erste Lied in dem Heftchen heißt *Lachen ist gesund* – huiuiui – und da haben wir: Text, Noten für die Tonlänge auf zehn anstatt fünf Notenzeilen, einen Haufen Buchstaben und Zahlen, die man gleichzeitig drücken muss, und Pfeile, die einem sagen, wann man die Quetsche quetschen respektive auseinander ziehen soll. Sack und Asche, was in der Theorie der Grifftabelle noch simpel war, ist in der Anwendung nur noch ein undurchschaubarer Wust und Wirrwarr. Aber so ist er, der Faschismus.

Zur Zeit übe ich den Walzer *Heute ist Witwenball*. Der ist auch in der Akkordeonschule drin – also Humor hatten sie, die Nazis. Wenn ich es spiele, klingt's immer nach *Meine Oma fährt im Hühnerstall Motorrad*. Wenn das mal keine Geschichtsklitterung ist.

Meine Oma fuhr nie im Hühnerstall Motorrad – hätte sie mal machen sollen!

Fünfzehn Minuten schenkt die Bahn den Verliebten. Eine Viertelstunde umsonst parken vor dem Bahnhof, schönen Dank auch. »Kiss and rail« steht auf den Schildern. Unternehmen Zukunft.

»Das hätt' uns im Leben nicht gereicht«, sagt die Oma und spricht von der Vergangenheit. Immer, wenn sie mich zum Zug bringt, erzählt sie von den Aberstunden an den Gleisen. Erzählt vom Poussieren, vom Abschiednehmen und Wiedersehen feiern. Alles, was sich auf den Straßen und in den Häusern nicht schickte, war auf dem Bahnhof erlaubt.

»Und wenn der Zug fuhr, haben alle, aber auch alle gewunken.«

Ich weiß, dass meine Oma weder Fotos noch Liebesbriefe aufbewahrt. Nur eine Kiste voller Bahnsteigkarten, unzählige Billette des Glücks. Und auf einem jeden steht in ihrer geschwungenen Schrift ein Männername. Damit sie sich erinnert. Worauf soll sie meinen Namen schreiben?

»Lehn dich man nicht zu weit aus'm Fenster, Jung'«, sagt sie im Weggehen, aber sie sagt es nur so. Sie weiß, dass man in den Zügen die Fenster schon lange nicht mehr öffnen kann.

Außerdem ist die Viertelstunde fast vorbei.

Die Todesanzeige für Paul, den alle nur Pico nannten, habe ich ausgeschnitten. »Nach einem erfüllten Leben hat es dem HErrn gefallen, seinen Sohn Pico heimzurufen.«

Heimrufen traf es. Das war das Schlimmste, wenn die Eltern uns heimriefen. Zum Essen. Pappsatt waren wir von den geschenkten Bratwürsten und viel lieber wollten wir bei den Männern bleiben. Die erzählten vom Krieg und von der Liebe.

Pico hörte zu. Wer beichten wollte, kam zu ihm, und wer Hunger hatte, auch. Den Verliebten malte er mit der Senftube ein Herz auf den Teller, den Traurigen eine Sonne und Bredersens Karl, der in der NPD war, ein Hakenkreuz. Dass es alle sehen konnten.

Erst später fiel mir auf: Die Todesanzeige war so falsch wie der Genitiv auf Picos Schild. Nicht der HErr, sondern Pico hatte das erfüllte Leben. Und der HErr rief ihn auch nicht zum Essen heim, er rief, weil er Hunger hatte. Oder reden wollte.

Was ihm Paul, den alle nur Pico nannten, auf den Teller malte, weiß ich nicht.

**Veteranen
Instandsetzung
Restaurierung**

Dass sie ihm nach dem Oberschenkelsteckschuss beide Arme amputiert hatten, gehörte für ihn zur Logik des Krieges. Der alte Mann lachte dröhnend und die kräftige Stimme passte so gar nicht zu seinem Händedruck. Wie auch, mit den Prothesen?, dachte ich. Hitlergruß wäre einfacher.

»Erstklassige deutsche Wertarbeit«, donnerte er.

Überstunden noch und nöcher habe er damit gemacht, als Verkehrspolizist. Und sein Haus wieder aufgebaut. Und Frau. Und Kinder.

Holz arbeitet, dachte ich.

»Alles kann ich mit den Dingern«, sagte er, »aber weißt du, was schlimm ist?«

Wetterfühligkeit? Phantomschmerz?

»Fußpflege«, antwortete er und senkte die Stimme, »aber wozu ist man verheiratet?«

Im Krieg und in der Liebe ist alles erlaubt.

Wie immer

Es gibt Dinge, die einzukaufen mir sehr peinlich ist. Und ich meine damit nicht das televisionär abgeschmackte »Rita, wat kosten die Kondome?«. Ich meine damit zum Beispiel Wattestäbchen. Wattestäbchen einzukaufen ist mir peinlich. Das spielt irgendwie ins eklig Intime rein. Ich kaufe immer gleich einen Hunderterpack Wattestäbchen und denke mir: Die halten jetzt bestimmt für zwei Jahre. Tun sie aber nicht. Oft muss ich Wattestäbchen nachkaufen. Sehr oft. Manchmal muss ich in den Supermarkt, nur um Wattestäbchen zu holen. Das ist super peinlich. Ich lege dann immer was zur Tarnung dazu, Bohnen oder Rasierwasser. Trotzdem habe ich das Gefühl, die Kassiererin guckt mich komisch an, wenn sie den Hunderterpack sieht.

»Der hat's wohl nötig«, denkt die sich bestimmt.

Als ich vor kurzem wieder mal im Supermarkt war, fiel mir ein anderes Produkt auf. Es hieß. »Deutsche Kracher«. Das waren aber keine Würstchen und auch keine Niedrigpreis-CD mit Ballermann-Hits. Nein, »Deutsche Kracher« war ein Päckchen Donnerschläge. Oder »Kanonenschläge«, wie man auch sagt. Diese Dinger, die ich mit Harald und Erwin in den Briefkasten von Herrn Grohmaier steckte. Muss wohl ein Anflug von Nostalgie gewesen sein, als ich sie aus dem Regal nahm.

Auf der Verpackung stand der schöne Hinweis: »In Deutschland und in Österreich ist die Abgabe an Personen unter 18 Jahren verboten.«

Was andere Länder tun, ist egal, wir haben eben unsere eigene Geschichte. Und dann stand da noch: »Made in China.«

Guck an, dachte ich. Von chinesischen Kinderhänden für deutsche Erwachsene gefertigt. Ob die Donnerschläge in China auch »Deutsche Kracher« heißen? Da fiel mir ein, dass man bei uns früher »Chinaböller« dazu sagte und dass die Welt schon ganz schön seltsam ist. Und dann dachte ich noch: Früher hatten Dinge, die Krach machten, irgendwie schönere Namen. »Knallfrösche« oder »Ladycracker« oder eben »Chinaböller«. Was ein Ohrenschmaus! Die ganz kleinen nannte man »Judenfürze«. Nicht so schön. Made in Austria, übrigens.

Ich legte die »Deutschen Kracher« an der Kasse aufs Laufband, neben den Hunderterpack Wattestäbchen. Ich fand meinen Einkauf passend, um nicht zu sagen, originell. Aber natürlich guckte die Kassiererin total komisch. Wie immer.

Selbstverständlich war es die Idee seiner Frau gewesen, den Laden zu erweitern. Dabei war Hein doch ein harter Hund, schon mit vierzehn hatte er sich tätowieren lassen, hatte Bier zum Frühstück getrunken und die Puch auf 130 Spitze getuned. Sein Bruder wurde standesgemäß überfahren, und einer Prügelei ging er nur selten aus dem Weg.

Aber wie er jetzt in Nietenwams und Iron-Maiden-T-Shirt Schnuller und Penatencreme verkaufte, begann seine Street-Credibility doch zu bröckeln. Manchmal fühlte er sich wie Dennis Hopper in der Honda-Werbung. Born to be wild.

»Hein, holst du bitte Kevin und Sarah vom Turnen ab?«

Wild as Doppelhaushälfte.

Ich erinnere mich noch gut an seinen Treu-und-Ehre-Wahlspruch: »Verleihe nie dein Motorrad oder deine Frau.«

Hein wusste, was er tat, als er vierzehn war. »Cindy forever« stand auf seinem Unterarm. Und so, wie er das Tatoo all die Jahre getragen hatte, trug er es auch jetzt. Mit Fassung.

Damen
u. Herren

SALON
SCHAM

»Die Haut ist das Tiefste am Menschen.« Hat Paul Valéry einmal geschrieben. Und alle körperliche Erfahrung ist in den Haaren gespeichert. Wenn es jemanden gab, der das ernst nahm, war das der Barbier.

In seinem Laden lief weder Musik noch lagen Lesezirkel-Hefte herum. Nichts Überflüssiges. Auch keine Worte.

»Kaffee?«, fragte der Barbier immer und massierte einem Nacken und Schläfe. Dann nahm er eine Strähne zwischen Daumen und Zeigefinger und blickte lange in die Weite des Spiegels.

»Schön«, sagte er dann, und als er fertig war, »leb wohl.«

Ich weiß, dass er von jedem Kunden nach jedem Besuch eine Locke in ein dickes Buch einklebte. »Biografie des Schmerzes«, nannte er das.

Als der Barbier starb, hielt sein Lebensgefährte die Grabrede: »Er liebte die Menschen. Mit Haut und Haaren«, sagte er und legte ihm das Buch auf den Sarg. »Leb wohl.«

Die Einhaltung der Schamgrenze.

My private Pfingstwunder

Als die erste Technoparty in einem Gotteshaus stattfand, kam die Säkularisierung bei sich an.

»Ein kleiner Schritt für die Kirche, ein großer Schritt für den Rave«, hatten die Organisatoren noch getitelt, aber ich glaube, es war eher umgekehrt. Wenn »Liebe« die Botschaft ist, muss man eben diejenigen ranlassen, die das am besten verkaufen können.

Ich weiß noch genau, wie ich als stiller Beobachter auf einer Kirchenbank saß, voller Bewunderung dafür, wie perfekt die Vorbereitungen getroffen wurden, wie reibungslos sich die Systeme ineinander verzahnten.

»Hier an der Säule braucht's noch fett Saft«, rief ein Helfer, und der Messner öffnete eine Klappe und zauberte zwei Starkstromanschlüsse zum Vorschein.

»Das ist ja geil. Wofür braucht ihr die denn?«

Der Messner antwortete: »Für die Restaurierungsarbeiten an den Fresken.«

»Die Bilder sind übrigens ziemlich cool, die lassen wir.«

Man verstand sich. Ansonsten wurden reichlich Folien aufgehängt, Scheinwerfer angeschraubt, Kabel verlegt. Gemeindediener und Partymacher arbeiteten Hand in Hand. Dutzende von schweren Boxen fanden ihren Weg durch das Hauptschiff Richtung Altar. Auf der Kanzel wurde ein Videobeamer installiert.

»Hey, die Akustik ist einfach der Hammer«, sagte einer, und ein anderer: »La Imhausen braucht heute keiner einwerfen, von dem Weihrauch kommst du besser drauf als von jeder Pille.«

Überhaupt wurde viel gewitzelt. Über Kreuzigungen als Trendsport, über das Piercing des Heilands, über Gott und die Welt. Die älteren Zeremonienmeister lachten, die weltlichen wie die kirchlichen. Und sie wussten, worüber. The combination of the disparate makes the fun. Party-Culture und christliche Geschichte – im Lachen vereint.

Der Witz, auch der blasphemische, setzt eben Kenntnis voraus, Wissen. Ein Wissen, das zum eigentlichen Event, der Tanzveranstaltung, keiner mehr mitbrachte. The music rules and God is a DJ. Ohne jede Ironie. Wenn der Papst in den Charts ist, warum sollte da Gott kein Plattenaufleger sein?

Natürlich wurde das Ganze ein paar Tage später in der Presse als das gewürdigt, was es nicht war: neu. »Die Kirche betritt Neuland und öffnet sich der Jugend.«

Die Kirche hat in den letzten 25 Jahren nichts unversucht gelassen, um ihre Schäfchen ins Trockene beziehungsweise in ihre Räumlichkeiten zu bringen: Kaum einer meiner Altersgenossen, der nicht in christlichen Jugendgruppen, Skifreizeiten und Ferienfahrten sozialisiert wurde, aber frag mal einen zehn Jahre Jüngeren nach Taizé. Kaum einer, der nicht christlich politisiert wurde, mit allem, was dazugehörte: Nicaragua-Kaffee, Dritte-Welt-Laden, aber find heute mal einen. Auch populäre Musik erklang schon oft in den heiligen Hallen, gestandene Punkbands, die eine Pogoversion von *Laudato si* zum Besten gaben, oder Hardrock-Kapellen, die *Ins Wasser fällt ein Stein* nach d-moll transponierten, damit es ein wenig nach den Scorpions klang. Das Zusammenspiel von Jugend und Kirche – peinlich, aber existent.

Das eigentlich Neue an dem christlichen Rave war die totale Abwesenheit des Christlichen. Die Haltung zur Kirche, sei sie affirmativ, ablehnend oder ironisch, sie wurde schlicht und ergreifend nicht eingenommen. »Die Kirche öffnet sich der Jugend«, und die nahm dankend an. Your disco needs you.

Ich kann meine Freude über diese Entwicklung nicht verhehlen. Kirchensteuer zahle ich schon lange nicht mehr, den Zölibat halte ich für unglaublich albern und den Papst für eine Figur aus dem vorletzten Jahrhundert. Wer solche Politik macht, braucht sich nicht wundern, wenn sein Projekt irgendwann abschifft. Wann hat es eigentlich angefangen, dieses totale Desinteresse?

Wenn wir in der Schule dem Religionsunterricht nicht den nötigen Ernst beimaßen, sagte unser Lehrer immer, wir sollten dem Jesus ruhig etwas dankbarer sein, ohne ihn gäbe es viel weniger Feiertage. Eine Steilvorlage für Schülerwitze: Am Heiligen Abend wurde Jesus geboren und das wird dann gleich zwei Tage lang gefeiert. Anschließend musste er zwei Wochen im Stall rumliegen, bis die Heiligen Drei Könige ihn endlich fanden – und wieder ein freier Tag. Dann kam eine Weile nichts, dann Fasching (was unser Lehrer nicht so gut erklären konnte), und am Karfreitag gab's dann die Kreuzigung. Wirklich alt ist er ja nicht geworden, der Jesus. Egal, am Sonntag drauf stand er wieder auf und Ostermontag war aus Freude darüber frei.

Mein Religionslehrer ist mittlerweile ziemlich alt, ich weiß nicht, was passiert, wenn er heute Fronleichnam oder Mariä Empfängnis an die Tafel schreibt. In einer dieser Quizshows wurde vor kurzem gefragt, was genau an Pfingsten gefeiert würde. Die jungen Kandidaten zuckten mit den Schultern. Ein Typ mit Anglerhut und Technoshirt antwortete: »Irgendwer hat doch da den Heiligen Geist verschüttet, oder?«

Hundert Punkte und das war's dann. Morgen wieder Love Parade.

Vielleicht bin ich ein verdammter Kulturpessimist, aber ich finde es schade, wenn Wissen verloren geht. Ich bin ein Atheist vor dem Herrn, aber ich trauere um die Geschichte und die Kultur der Kirche, um die Kunst und die Tradition.

Obwohl: Man sollte die Hoffnung nie aufgeben. Letztes Jahr an Pfingsten spielte ich auf einem dreitägigen Open-Air-Festival in Mainz. Und weil mir zwischen den Auftritten langweilig war, ließ ich mich von einem der Organisatoren durch die Stadt führen. Viel gibt es in Mainz nicht zu sehen und so zeigte mir der Veranstalter, ein Sozialpädagoge, seine Arbeitsstelle: eine christliche Jugendeinrichtung.

»Das ist der Fernsehraum. Hier tagt normalerweise die Kinderbibelgruppe«, erklärte er mir, »das Zimmer ist aus pädagogischen Gründen abschließbar.«

Als ich die finsteren Gestalten sah, die auf den Sofas lümmelten, leuchteten mir die pädagogischen Gründe unmittelbar ein: Nicht das TV-Gerät sollte vor den Jugendlichen verschlossen werden, sondern die Kinderbibelgruppe vor der Gesellschaft. In der Glotze lief ein Fußballspiel ohne Ton und man diskutierte angeregt.

»Schau dir doch mal seine Augen an, der ist doch bekifft bis zum Anschlag«, sagte einer.

Ein anderer meinte: »Wenn ich so 'ne peinliche Topfdeckelfrisur hätte, würde ich mich auch vollpumpen. Außerdem hat er einen Mösenbart.«

Ich brauchte eine Weile, bis ich begriff, dass man sich nicht über einen Abwehrspieler unterhielt, sondern über ein Heiligenbild, das an der Wand hing. Guck an, dachte ich, von wegen die Kids hängen alle vor dem Fernseher rum, hier werden noch Gespräche geführt.

»Wer is'n das überhaupt?«, wollte ein Junge wissen, »Der Tschieses?«

»Nee, der hat doch lange Haare«, bekam er zur Antwort, »im Übrigen hat Jesus Löcher in den Pfoten und die Hand von dem Typ da sieht eher aus wie die von Mr. Spock.«

»Genau, das ist bei Enterprise geklaut. Das ist ein Vulkanier.«

Aus irgendeinem Grund meinte ich, der Unterhaltung eine vernünftige Richtung geben zu müssen, und warf ein, dass das Bild vermutlich älter sei als Star Trek.

»Woher willst du das denn wissen?«, wurde ich zurechtgewiesen, »vielleicht ist der Maler in ein Raum-Zeit-Kontinuum geflogen.«

Einleuchtend. Doch noch bevor ich etwas erwidern konnte, sagte der Kleinste in der ganzen Runde: »Ich glaube, es gibt eine logische Erklärung.«

Der Bub, der höchstens zehn Jahre alt war, fuhr fort: »Ich habe in der Kinderbibelgruppe dem Jesus mal aus Versehen sechs Finger an die Hand gemalt. Faszinierend. Weil das aber nicht realistisch ist, habe ich einen Finger wieder übermalt. So könnte das hier auch gelaufen sein.«

Alle nickten und mir fiel auf, dass der kleine Junge merkwürdig spitze Ohren hatte. Nicht, dass mich das weiter verwirrt hätte, aber ich dachte: Solange die Kids noch so über Kunst und Kirche reden, ist alles gut. Meinen Segen haben sie. Ich spreizte Mittelfinger von Ringfinger, murmelte »Live long and prosper« und verließ leise den Raum.

Matthäus-Passion

Wenn mich Leute fragen, wo ich denn so arbeite als Kabarettist, antworte ich: »Ach, meistens bin ich auf Tournee.«

Damit hat sich dieses heikle Gesprächsthema oft schon erledigt. »Tournee« klingt gut und scheint ausreichend erklärenden Charakter zu besitzen: The sound of Scheinwerferlicht, nächtliches Dahingleiten im Night-Liner-Bus, Glamour, Groupies und Fernseher-aus-Hotelzimmern-Werfen. Auf jeden Fall fragt selten jemand nach, wie es so zugeht in den Metropolen der Republik, man will den Star doch nicht mit provinzieller Neugier nerven.

Ist auch besser so, denn in Wirklichkeit fährt der Kabarettist mit der Bahn und sein Tourplan ist selbst schon Kabarett: »13.04. VHS Laichingen, 14.04. Kleinkunstbühne Strunzenöd (Abo + freier Verkauf), 15.04. Vereinssaal, Herzogenaurach.«

Und schon damals hätte ich stutzig werden müssen: Eine Bühne mit dem schönen Namen »Vereinssaal« und ein Veranstalter, der in breitestem Fränkisch bereits am Telefon mehrfach betonte, dass er in der SPD sei.

Wie auch immer, es ist über drei Jahre her, dass ich dort gastierte, und, um der Chronistenpflicht Genüge zu tun, werde ich ohne ein Wort der Lüge schildern, wie es gewesen ist: Ich erreichte Herzogenaurach wie durch ein Wunder mit öffentlichen Verkehrsmitteln und bestieg ein Taxi. Ja, es gibt ein Taxi dort. Genau eins. Nicht, dass ich den Taxifahrer gefragt hätte, aber nach dreißig Sekunden Fahrzeit platzte er heraus: »Da drüben war sein Vadder Hausmeister. Deswechen Puma.«

Alles klar. Ich verstand kein Wort, aber ich war fremd hier, also nickte ich. Erfreut über den verständnisvollen Gast, führte der Fahrer weiter aus: »Wechen die Kondagte – und in d'r Nadionalmannschaft muss er ja mit Adidas-Schuhe spiel'n. Allmächt, das ist ja des Broblem. ER hat Größe 40!«

Zum Teufel – WER? Ich weiß nicht, wie blöd ich geguckt haben mochte, aber dem Gesichtsausdruck meines Chauffeurs nach zu urteilen wohl ziemlich blöd.

»Ist Ihna ned gut?«

»Alles okay«, sagte ich, »aber wo bin ich hier? Was wollen Sie?«

»Ich wollt' Ihnen bloß bissel die Stadt zeich'n.« Der Taxifahrer sah mich an, als wäre ich von einem anderen Planeten. »Da drüben ist der Blatz vom FC, da hat er ang'fangen, d'r Loddar.«

Endlich begriff ich: Herzogenaurach, die Metropole der Sportartikelhersteller, die Heimatstadt von IHM, von Lothar Matthäus!

Waren wir einander fremd, sprachen wir doch dieselbe Sprache.

»Na, dann zeigen Sie mal Ihren Planeten«, sagte ich, glücklich über den wiedergefundenen Sinn des Lebens.

»Da ist die Eisdiele.«

Ah, wie spannend.

»Da hat ER die Silvia kennag'lernt. Und da ist ER zur Schule gegangen.«

In der Eisdiele? Das erklärte einiges. ER! Ich war in Matthäus-City, es würde hier nicht einen Strauch geben, an den ER nicht irgendwann seinen göttlichen Urin abgeschlagen hatte, so viel war sicher. Ich machte die Probe aufs Exempel: »Schöne Allee da drüben.«

»Ja – an de Bäum hat ER nabrunzd als Bub.«

War ja klar.

»Und was ist das für ein großes Haus dort?«, wollte ich wissen, als wir an einer Kirche vorbeifuhren.

»Ach die Kerch, die kaddolische. Da ist er '82 ausgedreden. ER ist jetzt Broddesdant.«

Natürlich! Der Taxler kam langsam in Fahrt: »Und horch jetzt, den Zaun da, hat ER komblett abg'räumt. Im Vollsuff is er da nei – mit sei'm Borsche.«

Respekt, dachte ich, der Zaun stand mitten auf einer Wiese, etwa dreißig Meter von der Straße entfernt. Wie breit musste man da sein?

»Aber von den Herz'g'naurachern hat IHN keiner angezeicht«, sagte mein Fremdenführer stolz, »schließlich war der Zaun früher noch ned da.«

Ich versuchte einen Witz: »Einem Lothar Matthäus baut man nicht einfach so einen Zaun in irgendeine Wiese, nicht wahr?«

»Genau«, brummte der Fahrer, ohne auch nur den Ansatz von Humorbereitschaft zu zeigen. Das konnte ja heiter werden, ein falscher Satz über IHN, und sie töten mich hier.

»Und heute«, bemerkte mein Chauffeur, als ich ausstieg, »heute spielt ER gechen Frankfurt.«

Mein Gott, ein einzelner Mann gegen eine ganze Stadt!

Um mich etwas zu zerstreuen, ging ich in einen Buchladen. Die Verkäuferin reichte mir unaufgefordert das Werk *Mein Tagebuch* von Lothar Matthäus. Was sonst. Ich bezahlte widerstandslos und begann zu blättern. ER schreibt präzise, aber doch in schönen Bildern: »Mein Terminkalender platzt.«

Ich versuchte mir das bildlich vorzustellen. Bumm.

Bei der Bühne angekommen, bat mich der Veranstalter, dem man die SPD förmlich ansah, mit meinem »Gabbaredd« doch bitte bis 21.00 Uhr fertig zu sein. »Fußball«, fügte er hinzu und zeigte mir verstohlen sein Transistorradio. Ich hatte nichts anderes erwartet.

Das Publikum bestand aus 120 Frauen und dem Veranstalter. Punkt Neun verabschiedete ich mich artig und versprach aus vollem Herzen, nie mehr wieder zu kommen. Dafür gab es den größten Szenenapplaus des Abends.

In diesem Punkt aber hatte ich gelogen, denn vor kurzem war ich doch noch einmal in Herzogenaurauch. Privat. Einfach so. Ich weiß gar nicht genau, wieso. Vielleicht, um nachzusehen, wie es heute so ist, jetzt wo der Ruhm des berühmten Sohnes verblasst ist. Das Taxi gab es nicht mehr, ansonsten schien sich nichts verändert zu haben. Ich wohnte in demselben beschissenen Hotel wie das letzte Mal, mein Zimmer sah so aus, wie ich es verlassen hatte. Die Stadt auch: saubere Plätze, alte Häuser und an den Rändern der Ausfallstraßen reichlich Baumpatenschaften. Ein normales Kaff. Eine dieser fränkischen Kleinstädte, wo man sich fragt: Hätten die Alliierten bei ihren Bombenangriffen auf Nürnberg nicht ein bisschen ungenauer zielen können? Manchmal ist das Leben nur teilweise gerecht. Über Lothar Matthäus spricht kein Mensch mehr, aber Herzogenaurach steht immer noch.

Manchmal spielen Astrid und ich alternde Rockstars. »Weißt du noch, wie im Excelsior beinahe das Wasserbett ausgelaufen ist?«, fragt sie, und ich antworte: »Oder wie wir im Adlon die Fernbedienung aus dem Fenster geworfen haben?«

Ganz nach Rock 'n' Roller-Art erzählen wir uns Hotel-Geschichten.

Einmal, in Frankfurt, wurden wir fast wahnsinnig, weil uns die Leuchtreklame einer Freikirche alle zwei Sekunden ihr stupides »Jesus liebt dich« ins Zimmer blinkte. Irgenwann ging ich runter und schlug dem Messias das »u« aus. Wir mussten dann ziemlich überstürzt abreisen, aber Astrid erinnerte sich gerne an die Nacht, nicht zuletzt, weil noch Wochen später »Jes_s liebt dich« durch Bockenheim gemorst wurde.

Ein andermal zwang uns eine Panne, im schlimmsten anzunehmenden Gasthof des Sauerlandes abzusteigen. Etliche Reisebiere hatten wir wohl schon intus, auf jeden Fall schrieb Astrid beim Ausfüllen der Meldekarte in die Sparte Beruf: »Vorsitzende des Zentralrates der Juden«.

Was aber kein weiteres Aufsehen erregte. Rock 'n' Roll eben.

Ein Problem mit Astrid war die Natur. Und zwar, dass sie da immer hinwollte. Der Satz »Lass uns spazieren gehen« bedeutet den Anfang vom Ende. Und Wandern ist die Fortsetzung der Heimatvertreibung mit anderen Mitteln. Gegend angucken muss man dann oft oder Antworten wissen auf Fragen wie: »Was ist denn das für ein Baum?«. Und Arm-in-Arm-Laufen muss man, was schon mal gar nicht geht.

Bei jedem Ausflug, den wir machten, hoffte ich auf einen Hinterhalt. Astrid würde ich beschützen – mich aber erwischte es. »Argh! Es hat mich erwischt«, würde ich sagen und nach zehn letzten Schritten dann: »Geh du alleine weiter, ich schaffe es nicht mehr.«

So stellte ich mir das vor. Allein, es ist friedlich im Allgäu.

Also betete ich für spontanes Einschneien: Zack, und schon ist man von der Außenwelt abgeschnitten; lebensgefährliche, meterhohe Schneemassen auf dem Dach machen ein Hinausgehen unmöglich. Also müssen wir drinnen bleiben und vögeln, bis der Arzt oder der Frühling kommt. Und mit ihm das Wandern ...

Wie gesagt, ein Problem mit Astrid war die Natur.

WC LEHRERINNEN + BEHINDERTE

Coolness once belonged to gender. Es gab eine Zeit, in der es cool war, als Mann feministische Theorie-Bücher gelesen zu haben. Und den *Tod des Märchenprinzen* auswendig zu können. Ehrlich gesagt kam man nur so bei den vermeintlich spannenden Frauen weiter. Bei Astrid zum Beispiel. Oder bei Katja.

Katja nannte mich »Baby«, was ich ziemlich cool fand. Im Stüberl fragte sie einmal: »Hast du zufällig ein o.b. dabei, Baby?«

Ich hatte – und *war* cool. Astrid dagegen guckte eher pikiert.

Der bis heute unerreichte Gipfel an Coolness aber war, als Katja sich dann nicht die Mühe machte, aufs Klo zu gehen, sondern den Tampon am Stammtisch wechselte. Während ich das Teil beneidete, tillte Astrid aus: »Biste jetzt völlig mongo, oder was?«

»Bleib cool«, sagte Katja, und es klang nach Lebensmotto. Aber es klang nur so.

Astrid ist übrigens Lehrerin geworden.

Unseren ersten Exhibitionisten trafen Erwin und ich im Hofbräuhaus. Er war sehr betrunken und erzählte uns, dass seine Frau ihn verlassen habe. Und dass er CSU-Mitglied sei und ein Zeuge Jehovas, was natürlich niemand wissen dürfe. Außerdem sei er mal Mittelstürmer gewesen. Und dass er sehr verliebt sei, erzählte er, und der CIA ihn auf dem Kieker habe. Auf jeden Fall müsse er das Land verlassen.

»Ich habe eine riesige Playmobil-Sammlung«, erzählte er, und dass er mit den Figuren minutiöse Fluchtpläne nachstelle.

Erwin und ich waren sehr beeindruckt. Trotzdem verließen wir das Lokal durch den Hinterausgang.

Waffen in Wichserland

»Erholsamen Urlaub«, sagte Erwin noch. »Erholsamen Urlaub – und bring eine schöne Geschichte mit.«

Na dufte! Was ich überhaupt nicht kann, ist, mich im Urlaub zu erholen, wenn ich eine Geschichte mitbringen muss, eine schöne dazu. Oh, wie ich es immer noch hasse, mit Hausaufgaben zu verreisen! Erschwerend kommt hinzu, dass ich mich nie in exotische Länder oder gar an geschichtsträchtige Stätten begebe. Auch literarisch ausschlachtbare Abenteuerferien kommen mir nicht in die Tüte. Ich bevorzuge ruhige, unspannende Gegenden, die man bequem auf dem Landwege erreichen kann. Dieses Jahr war ich in der Schweiz. Ich saß im Glarnerland, in einem Gasthof, und machte nichts. Herrlich.

Zeitung gelesen habe ich viel. Ach, ich mag das ja, wenn die Schweizer Presse der eigenen Fußballnationalmannschaft ein kameradschaftliches »Nati, jetzt gilt's ernst!« entgegentitelt. Oder wenn die eidgenössischen Skinheads moralisch integer niedergeschrieben werden: »Mir hat es abgelöscht mit den Glatzen.«

Schon schön, aber, um ehrlich zu sein, las ich gar nicht wirklich Zeitung, ich tat nur so. Streng genommen machte ich gar nichts. Zwar gab ich einen perfekten Touristendarsteller mit Vollpension, wetterfester Kleidung und Wanderkarte, doch ich verhielt mich nicht so. Ich tat nichts. Einfach nichts. Das kann sehr anstrengend sein, aber im Glarnerland, speziell in der Ortschaft Glarus, geht's. Ich möchte sogar sagen, dass sich kaum ein Ort so für das Nichtstun eignet wie dieser. Glarus ist ein kleines, doofes Städtchen mit Geschäften, Rathaus und Gegend drumherum. Wunderbar. Nichts, was einen auch nur annähernd animieren würde, etwas zu machen. Und vor allem: nichts, was einem eine Geschichte aufzwingt, die man mit nach Hause bringen muss. Ich aß, schlief und hing rum. Vier Wochen lang.

»Kommen Sie nach Glarus und erleben Sie nichts!«

Jeden Tag verließ ich nach dem Frühstück meine Herberge, schlenderte die Rathausgasse hinunter, vorbei am Supermarkt, warf einen Blick ins Schaufenster von »Wichser Waffen«, ging zurück und aß einen Happen. Nach dem Mittagsschlaf bummelte ich in der Rathausgasse, verweilte ein wenig vor dem Supermarkt und vor »Wichser Waffen«, und dann war es auch schon Zeit fürs Abendessen. Danach sah ich mir meist noch die Schaufenster an – in der Rathausgasse. Und schon übermannte mich die Müdigkeit. Ich ging schlafen. Ein Laden namens »Wichser Waffen« würde bei uns vielleicht Aufsehen erregen, nicht so in der Schweiz, da ist das normal. Ein Land, das solche Geschäfte hat, führt keine Kriege!

Einmal war ein wenig Tumult in der Rathausgasse. Die Menschen jubelten, weil Werner Wichser, der Inhaber des Waffengeschäfts, einen kapitalen Gamsbock erlegt hatte, allein ich konnte mich nicht länger dort aufhalten, weil ich noch zum Supermarkt und anschließend zum Abendessen musste.

Natürlich ist es nicht so, dass den Touristen in Glarus gar nichts geboten würde. Einmal die Woche veranstaltete meine Pension für ihre Gäste ein »massgeschneidertes Event in Form von Plauschschießen bei Wichser Waffen«, aber ich wollte lieber nichts tun. Außerdem hätte ich gar keine Zeit gehabt, meine Tage waren einfach zu ausgefüllt. Dabei interessiere ich mich durchaus für Schusswaffen, ich habe sogar ein großes Faible für »Luxuspistolen aller Art« und gebe gerne zu, dass ich bei meinen Streifzügen durch die Rathausgasse mehrmals daran dachte, mir eine »Suhler Drilling Simson, handgestochen mit echter Elfenbeineinlage, für nur 49.000 Franken«

anzuschaffen, tat es aber nicht. Ich erwarb stattdessen eine »629 Klassik von Smith & Wesson«. (Die mit 44 Magnum und dem 8"-Lauf.) Auch wenn der Kauf dieses Revolvers meinen Tagesablauf gehörig durcheinander brachte (um ein Haar hätte ich das Mittagessen verpasst), so hatte ich doch einen Entschluß gefasst: Ich wollte etwas machen und vorbereitet sein. Nicht, um Erwin etwas erzählen zu können, nein, einmal in vier Wochen, dachte ich, könnte man ruhig was machen. Ich machte einen Ausflug.

Ich fuhr in ein gottverlassenes Glarner Bergdorf, trank zwei Tassen Kaffee, und fuhr wieder zurück in meine Pension. Aus Fleiß sollte ich Erwin eine Geschichte über die Werbungen auf Zuckerpackungen in gottverlassenen Glarner Bergdörfern mitbringen. Die sind klasse. Die Zuckerpackungen meine ich, also die Bergdörfer auch, zumindest das eine, gottverlassene, in dem ich war und mich mit meiner Pistole sehr sicher fühlte, aber besonders die Zuckerpackungen dort.

Zwei Kaffee macht vier Zuckerpackungen – und alle mit dem Logo von »Bella's Zwergli Boutique, Zwerge und Decorfiguren, Zürich«. Geniale Marketingstrategie, gerade die hintersten Glarner Alpen flächendeckend damit zu bewerben! Der Zuckerpackungs-Werbezusatz-Clou: Wenn man eine »unversehrte Zuckerpackung« zu »Bella's« brächte, gilt er als »Bon für 20% Rabatt«. So stand es geschrieben. Darauf muss man erst mal kommen. »Unversehrt« heißt ja so viel wie »nicht benutzt«. Will sagen: Die Firma kann den süßen Werbeträger, weil intakt, ein zweites Mal verwenden und wieder zurück ins Glarnerland verschicken, um neue potenzielle Decorfiguren-Kunden zu ködern. Clever. Und die Kunden sind eh froh, weil ein Rabattschnäppchen winkt. Also wenn es jemand raus hat mit dem Kapitalismus, dann sind es die Schweizer.

Da ich meinen Kaffee ohnehin schwarz trinke, spielte ich schon kurz mit dem Gedanken, meine vier unversehrten

Päckchen mal eben die 100 km nach Zürich zu tragen, um einen um 80 Prozent ermäßigten Gartenzwerg zu erwerben. Wär' vielleicht sogar eine mitbringbare schöne Geschichte geworden...

Ich entschied mich dann aber doch für ein anderes Mitbringsel. Die Smith & Wesson (mit »zweijähriger Wichser-Garantie«) im Anschlag überfiel ich den Supermarkt in der Glarusser Rathausgasse und erbeutete eine Toblerone. Würde dem dicken Erwin eh besser gefallen. Wirklich mitgebracht habe ich die Schokolade allerdings nicht, weil ich sie natürlich während der Rückfahrt aufaß. Oder aufessen wollte. Ich hatte vergessen, wie man sie isst, und uns Ausländern erklären es die Schweizer ja nicht. Toblerone-Rippchen lassen sich nicht abbrechen! Und wenn man abbeißt, tut's höllisch weh im Gaumenbereich. Eine ganz gemeine Nazi-Gold-Verstecker-Schokolade ist das!

»Mir hat es abgelöscht!« Blutend und ohne Geschichte im Gepäck verließ ich das Glarnerland. Bei Erwin meldete ich mich erstmal nicht.

Mehr noch als der dicke Otto tat mir Adalbert Leid. In den Büchern vom *Kleinen Nick* von Sempé und Goscinny. Weil Adalbert eine Brille trug und weil er die immer abnehmen musste, wenn ihn jemand schlagen wollte. »Brille ab!«, hieß es dann, und Adalbert tat es mechanisch.

»Man sieht nur mit dem Herzen gut«, schreibt Saint-Exupéry und hat leicht reden. Der *Kleine Prinz* ist ja auch nicht kurzsichtig.

Irgendwann wurde Adalbert dann doch mal geküsst. Von einem Mädchen. Und auch hier war die Brille im Weg. Kein Problem. Traurig, wenn Gewalt und Liebe derselbe Bewegungsautomatismus vorausgeht.

Wie man so was wohl nennt? In Köln fand ich einen Hinweis.

Der Dorfdepp von da, wo ich wohne

Meine Zeit verbringe ich gerne auf der Terrasse sitzend und Kapielski lesend. Thomas Kapielski ist dieser Berliner Kultautor, den natürlich alle wieder schon ewig kannten, nur ich nicht. Aber jetzt lerne ich ihn kennen, weil ich mir seine Bücher gekauft habe, und die lese ich jetzt. Auf der Terrasse. Oder versuche es zumindest, denn seit wir Kinder in der Wohngemeinschaft haben, bin ich oft abgelenkt und auch ziemlich hellhörig, was Kinderstimmen angeht. Gar nicht mal so sehr die unserer WG-Kinder, die können ja noch gar nicht sprechen, mehr die Kinderstimmen aus der Nachbarschaft. Die hellhöre ich, wenn ich auf der Terrasse sitze.

Wie ich also eine schöne Geschichte von Kapielski über Schafe las, hörte ich eine Kinderstimme: »Nein, ich räume die Steine nicht weg«, sagte die, und so was nehme ich sofort wahr, denn unsere WG-Kinder fangen ja auch irgendwann das Sprechen an, und man möchte doch vorbereitet sein.

»Du räumst jetzt bitte sofort die Steine weg.«

Das sagte jetzt eindeutig die dazu gehörige Mutterstimme.

»Nein«, erwiderte die Kinderstimme, »ich räume die Steine nicht weg.«

So läuft das also.

»Ich räume jetzt deine Pumuckl-Kassetten weg«, sagte die Ohne-Abendbrot-ins-Bett-Stimme.

»Und ich räume die Steine trotzdem nicht weg«, sagte die Wahrscheinlich-bald-Hunger-hab-Kinderstimme.

»Du kriegst deine Pumuckl-Kassetten erst wieder, wenn die Steine weg sind.«

»Nie im Leben mache ich die Steine weg!«

»So, jetzt sind die Pumuckl-Kassetten weg.«
Wie gemein.
»Ich hab ja noch meine Steine.«
Schlau, die Kinderstimme, aber auch die der Mutter:
»Wenn der Papa den Rasen mäht, geht von den Steinen der Rasenmäher kaputt.«
»Dann kauf ich von meinem Taschengeld eben einen neuen.«
»Du kriegst bald überhaupt kein Taschengeld mehr, wenn die Steine nicht bald vom Rasen verschwinden.«
Und jetzt kam's: »Wenn wir ein Schaf hätten, bräuchten wir keinen Rasenmäher.«
Das saß! Nicht nur bei der Mutter, sondern auch bei mir, hatte ich doch just – Sachen gibt's – bei Kapielski eine Schafsgeschichte gelesen. Da ging es um einen Dorfdeppen-Job an den Deichen im hohen Norden. Dort regnet es nämlich immer, und wenn die Schafe viel Wolle mit sich herumtragen und der Wind, der dort auch immer weht, die Schafe umwirft, kommen sie von allein nicht mehr hoch, so vollgesogen und schwer ist der Schafspelz. Dann kommt der Dorfdepp und stellt sie wieder auf ihre Beine. Das ist sein Job. Die Schafe gucken sehr blöd, aber auch dankbar, und lassen sich aus Freude gleich noch mal umfallen und werden wieder aufgestellt. Und so fort.
Wenn jetzt, so dachte ich, die Nachbarn tatsächlich ein Schaf hätten, könnte – erstens – die Kinderstimme die Steine im Rasen liegen lassen, was gut wäre. Für alle Beteiligten. Zweitens: Wenn's umfällt, das Schaf im Regen, könnte ich es wieder aufstellen. Ich hätte es ja nicht weit und höre auch gut.
Das wäre ein Job, wie für mich geschaffen, dachte ich – auf der Terrasse sitzend, Kapielski lesend und Kinderstimmen lauschend.

Erwins Mutter hatte einen One-night-stand. Natürlich interessierte uns das brennend. Wir waren noch Kinder und vermuteten so einiges. Aber die Schlafzimmer der Erwachsenen waren verbotenes Land, man musste sich ganz auf seine Ohren verlassen.

Ausgerechnet mit Bredersens Karl von der Gemeinde. Die beiden Oberschimpfer der Straße.

»Ruhe!« »Schluss jetzt!« »Essen!« »Verschwindet!«

Sie redeten ohne Punkt und Komma. Nur mit Ausrufezeichen. Eigentlich war es unvorstellbar, aber Erwin hatte gute Ohren. Er schwor Stein und Bein darauf, dass es ein One-night-stand gewesen sei, und er hatte Recht.

Bredersens Karl wurde am nächsten Morgen überfahren.

Happiness is a warm gun

Seit ich ein Kind habe, lese ich Zeitschriften, die sinnigerweise *Eltern* oder *Familie & Co.* heißen. In einer las ich, dass Kinder oft seltsame Macken ausbildeten, was aber durchaus okay sei.

Schon die Bezeichnungen dafür sind wundervoll: »Macken«, »Spleens« oder – später – »dem Aberglauben geschuldete, abnorme Verhaltensweisen«. Einer der schönsten Spleens allerdings steht nicht in einer Zeitschrift, sondern in David Sedaris' Buch *Naked*, in welchem der jugendliche Held dem Zwang unterliegt, immer und überall Lichtschalter abzulecken. Warum auch nicht? Es geht ihm einfach besser dann, außerdem bringt es Glück.

Man kann das auch krank nennen, ich finde es prima. Macken sind so menschlich. Es gibt einen Indianerstamm, von dem berichtet wird, seine Angehörigen seien immer rechts um die Feuerstellen gegangen, der Geister wegen. Ich kenne das, auch ich bin ein paar Jahre lang um alles, was sich mir in den Weg stellte, rechts herum gelaufen, und es funktionierte. Ich wurde weniger gefoult beim Fußball, die richtige Frau interessierte sich für mich und in Mathe bekam ich doch noch eine Fünf. Als ich aber begann, das Glück herauszufordern, verließ es mich. In unvermeidlichen Situationen umkurvte ich das Hindernis links, aber rückwärts – verloren. Der Aberglaube lässt sich nicht austricksen: Ich vereinsamte, blieb sitzen und suchte mir was Neues.

Jeder Mensch hat Spleens, leider verbirgt er sie oft. Mir gefiele es, wenn ein jeder sich offen zu ihnen bekennen würde, gleich beim Kennenlernen.

»Du, ich bin übrigens Ehering-Küsser.«

Dann weiß man Bescheid. Zeige mir deine Macken und ich sage dir, wer du bist. Auch historisch ist das interessant. Hitler zum Beispiel hatte die Manie, wildfremden Menschen ihre Schäferhunde abzukaufen. Vor ein paar Jahren traf ich eine alte Frau, der selbiges widerfahren war, auf dem Obersalzberg, mitten im Krieg. Sie traf beim Gassigehen den Führer und der sagte: »Guten Tag, mein Name ist Adolf Hitler. Darf ich Ihren Hund haben? Ich zahle gut.«

Mich wundert, dass der Führer »Guten Tag« sagte, ein »Heil Hitler« wäre doch angemessener gewesen, aber dann hätte der Satz wohl blöde geklungen. Sie hat ihm den Köter übrigens gegeben – von einem Lichtschalter-Ablecker geht auf jeden Fall weniger Gefahr aus.

Ich selber habe seit etwa einem halben Jahr einen ganz neuen, hervorragenden Spleen, wie ich meine: Ich bin Föhn-Fan. Der Föhn ist ein fulminantes Gerät, die Waffe des Warmduschers, mit der sich – beispielsweise – spielend die Ästhetik des Gebrauchs von Handfeuerwaffen in den Filmen der sechziger bis neunziger Jahre nachstellen lässt. Wenn man möchte. Ich föhne mir damit die Füße.

Das ist ein herrliches und, auch vom Glück her, todsicheres Ritual, wenn man es gewissenhaft ausführt. Es ist nämlich so: Ich dusche immer sehr heiß, und vom Wasserdampf beschlägt der Badezimmerspiegel. Früher hatte ich die Angewohnheit, ihn mit dem nassen Handtuch abzuwischen, was aber zu hässlichen Schlieren auf dem Glas führte, man sich nicht richtig spiegeln konnte, was überdies Unglück brachte, denn meine Wohngemeinschaft schimpfte mit mir ob der Schmierage. Mit dem Föhn wurde alles besser. Und so geht mein Ritual:

Nach dem Duschen richte ich den elektronischen Glücksluftverströmer erstmal waffengleich auf den Spiegel. Ich und meine Magnum, ein gutes Gefühl. Wie von Zauberhand entbeschlägt sich langsam und schlierenfrei das Glas und mein

Antlitz zeichnet sich ab. Auf keinen Fall darf man jetzt den Colt sinken lassen! Erst muss ich Robert De Niro spielen, das ist Selbsterkenntnis pur: »Du«, sage ich zu mir. »Hey, du! Du – laberst mich an?«

Lange Pause. Und erst jetzt, wenn ich mit *Taxi Driver* fertig bin, widme ich mich meinen Füßen (klein, schlecht durchblutet und kalt vom Langevordemspiegelstehen). Das folgende Füße-Föhnen ist der Höhepunkt, abnorm, aber unbeschreiblich schön, und Glück – Glück ist ein leeres Zugabteil oder wenn heiße Luft die Zehen sanft umspielt.

Muss ich es noch sagen? Seit ich dieser Macke huldige, läuft alles rund – beruflich und auch privat. In meiner WG herrscht Harmonie wie selten, meine Holde hat mir einen wunderbaren Sohn geboren, und das Beste: Ich habe immer warme Füße.

Was meinen Sohn angeht, ich reiße mich förmlich darum, ihm die Windeln zu wechseln, weil auf dem Wickeltisch ein Föhn liegt. Behutsam richte ich ihn auf seine Winzfüßchen und dann bereite ich ihn aufs Leben vor. Er liebt das und entwickelt sich in allen Belangen prächtig.

Meine Angetraute faselt derzeit andauernd etwas von »oraler Phase«, weil er neulich aufs Innigste den Schalter der Nachttischlampe ableckte. Ich ließ mir nichts anmerken, später aber hüpfte ich trunken vor Glück unter die Dusche und summte einen alten Beatles-Schlager.

Mit vierzehn wurde ich auf einmal absurd.
Meine Eltern fragten: »Hast du aufgeräumt?«
Und ich antwortete: »Katja.«
Sie sagten: »Entweder du ...«
Ich erwiderte: »Oder ein anderer.«
»Hörst du uns überhaupt zu?«
»Wie blöd.«
Es wurde immer schlimmer:
»Würdest du endlich stillsitzen, bitte.«
»Draußen nur Kännchen.«
»Hast du getrunken?«
»Fisch ist keine Lösung.«
Meine Eltern blieben bemerkenswert ruhig. Wenn die Bekannten erzählten, ihre Kinder hätten gerade Masern oder eine neue Freundin, sagten sie: »Unser Sohn ist absurd – aber es ist nur eine Phase.«
»Hast du eigentlich irgendwas?«, fragten meine Eltern.
»Manchmal sehr«, entgegnete ich, und sie wussten Bescheid.
Einmal nur, ich sollte einkaufen gehen, waren sie besorgt.
»Was willst du denn mal werden, Kind?«
»Gelbwurst.«

Novemberrevolution

Einmal im Jahr, im November, müssen deutsche Kinder Lichterketten üben und doofe Lieder singen: »Ich geh' mit meiner Laterne und meine Laterne mit mir.« Das ist in sich schlüssig. Friede, Freude, Händchenhalten – ra bimmel ra bammel ra bumm.

Das Schlimme an diesem Brauch ist aber dessen Ursprung, die Legende vom heiligen St. Martin. Was für ein Drecksack! Reitet stundenlang durch Nacht und Wind, bis er endlich ein armes Schwein findet, das er demütigen kann. Ich habe das schon als Kind nie verstanden. Was zum Teufel soll ein Bettler mit einem halben Mantel anfangen? So ein schöner Mantel, einfach kaputtgemacht. Dem Martin ist das ja wurscht, er hat Kohle ohne Ende, er geht am nächsten Tag zu H&M und kauft sich einen neuen Mantel. Da hätte er dem Bettler ruhig den alten geben können. Aber nein – erst kaputtmachen. Das ist so eine ganz miese, abgefuckte New-Economy-Arschlecken-Aktion: Schau her, Bettler, ich kann es mir leisten, die teure Dolce&Gabbana-Robe zu zerschneiden. Hier, kriegst einen Fetzen, darfst auch mal am Reichtum schnuppern!

Der Martin kann natürlich mit seiner Mantelhälfte nichts mehr anfangen, aber er gibt sie dem Bettler nicht, dann könnte der ja das Nähen anfangen und am Ende so aussehen wie er. Nein, ab mit der Mantelhälfte in den Altkleidercontainer, um noch einen zweiten Armen zu ärgern, der die Mantelhälfte ein paar Wochen später da rauszieht und sich denkt: Wieder so eine neureiche Saubratze!

Nebenbei ist nicht überliefert, wie Martin den Mantel geteilt hat. Wahrscheinlich war das ein ganz langer Mantel, und er hat ihn quer geteilt – und den oberen Teil behalten: Ich wollt eh lieber einen Anorak, ätschibätsch, den Saum darfst du haben, Bettler.

Das ist sogar sehr wahrscheinlich, weil so ein langer Mantel ziemlich stört, beim Reiten. Überhaupt Reiten: Was hat der Martin eigentlich draußen zu suchen? Das war 'n Scheiß-Wetter damals. Der Martin ist nur raus, weil er wusste: Irgendwo werde ich schon einen Obdachlosen finden und dem koch ich's dann mal so richtig fett. Der wollte dem Bettler nicht helfen, dann hätte er ihn nämlich mitgenommen oder ihm 50 Euro gegeben oder so. Er hätte ihm zum Beispiel auch sein Ross schenken können, das hätte der Bettler am nächsten Tag vertickt und sich drei Gallonen Lambrusco dafür gekauft. Oder das Schwert hätte er ihm schenken können, damit der Kerl eine Bank überfallen kann – irgendwas Sinnvolles halt. Aber nein, ein halber Mantel.

Ich werde nie meine Kindergärtnerin vergessen, die, nachdem ich ihr meine kapitalismuskritischen Einwände gegen den Herrn Martin vorgetragen hatte, meinte: »Vielleicht hat der Bettler ja einen Schlaganfall gehabt. Bettler trinken ja viel und haben oft einen Schlaganfall, und mit so einer halbseitigen Lähmung ist so ein halber Mantel total praktisch.«

Die Kindergärtnerin sagte dann, es sei eben auch um die Geste gegangen. Tolle Geste: Du erfrierst eh, Bettler. Was auch immer ich dir gäbe, du würdest es ja ohnehin nur in Drogen umsetzen, und so'n halben Mantel kannst du wenigstens nicht versaufen.

Armut ist einfach eine schlimme Sache – für die Reichen. Der arme Martin, man kennt doch das Dilemma: Gebe ich was und halte so das Elend am Laufen? Oder gebe ich nichts, und der Bettler kommt heim zu seinem Vater und der verprügelt ihn. Der Martin musste halt einen Kompromiss finden, weil er doch ein Vorbild für die vielen kleinen Laternenkinder ist.

Ich wünschte mir, die Kinder würden das mal ernst nehmen. Und Revolution machen, eine zünftige Novemberrevolution: Tausende deutscher Kinder begehren auf im Handarbeitsunterricht: »Ihr Eurythmie-Blöd-Gebastel können Sie sich in den Arsch schieben, Frau Lehrerin. Wir scheißen auf Kerzen, wir wollen handeln!«

Und dann rennen die Kinder los, bis ein jedes einen Obdachlosen gefunden hat, und dann zerschneiden sie ihre teuren Klamotten. Und zu Hause sagen sie: »Aber wir haben's doch so gelernt im Kindergarten.«

Leider wird es dazu nicht kommen, weil deutsche Kinder zu blöd sind. Sie könnten das gar nicht, weil Mantelzerteilen nicht gelehrt wird an deutschen Kindergärten. Die Kinder wüssten beispielsweise nicht, dass man den Mantel vorher ausziehen muss, und dann lägen sie tot im Straßengraben. Nein, deutsche Kinder tun nur das, was sie vorher auch geübt haben. Lichterketten machen und blöde Lieder singen. Mehr braucht man ja auch nicht für später. Ra bimmel ra bammel ra bumm!

Hund fickt Hund

Erwin zeigt mir mit fragendem Gesichtsausdruck einen Zeitungsausriss. Der Text beginnt mit dem Wort »Apollmicke«. Was könnte damit gemeint sein? Vielleicht ist »Apollmicke« ja das Gegenteil von »Achillesferse«, denke ich.

Erwin sagt: »Lies doch mal.«

Ich lese: »Erboste Anwohner haben in Apollmicke gegen den streunenden Hund einer türkischen Familie demonstriert. Zu dem Protest kam es, nachdem der Pekinesen-Mischling mehrfach Deutsche Schäferhunde gegen den Willen ihrer Halter gedeckt hatte.«

»Stell dir das mal vor«, sagt Erwin.

Ich stelle mir vor, wie der kleine Pekinese an riesigen Schäferhunden dranhängt, sie quasi von hinten vergewaltigt. Abscheulich. Da kann man aber auch schon mal demonstrieren gegen.

»Bei der Kundgebung kam es zu Transparenten«, lese ich weiter. Da wäre ich gerne dabei gewesen.

»Bei der Kundgebung kam es zu Transparenten und Ausländer raus-Sprechchören. Ein Sprecher der Demonstranten teilte mit, dass es sich dabei aber nicht um Fremdenfeindlichkeit gehandelt habe.«

»Unglaublich, oder?«, sagt Erwin.

Vielleicht sind die Demonstranten nur falsch wiedergegeben worden, denke ich. Vielleicht haben sie gebrüllt: »Ausländer raus – aus deutschen Schäferhunden.« Man kennt doch die Presse.

»Mehr fällt dir dazu nicht ein?«, fragt Erwin.

Doch. Wo liegt Apollmicke?

Neulich bei n-tv

»Ist der Trittin nett?«, will Erwin wissen. »Hast du mit dem Lafontaine nach der Sendung auch noch geredet? Was macht'n der so? Wie sind die denn in echt?«

Keine Ahnung, wie die in echt sind, standen doch überall Kameras rum. Echt? Falsch? Ich weiß es nicht.

»Warste aufgeregt?«
»Klar war ich aufgeregt.«
»Wie fandstes denn so?«
»Hm.«
»Ja, nun erzähl doch mal!«

Zum ersten Mal war ich zu Gast in einer Talkshow, bei Erich Böhmes *Talk in Berlin*, live aus dem Hotel Interconti. Eine Stunde lang Fresse in die Kamera halten auf n-tv.

»Ja, nun erzähl doch«, sagt Erwin.

Als das Rotlicht aufblinkt und die Sendung beginnt, ändern Lafontaine und Trittin noch nicht mal ihre Sitzhaltung, Hans-Herman Tiedje, ehemaliger *BILD*-Chef und Kohl-Berater, blättert weiter ungerührt in seinen Unterlagen. Die sind so, denke ich, und versinke in meinem Stuhl. Wahrscheinlich läuft dieses blau-blöde Laufband mit den Aktienkursen jetzt quer über mein Gesicht. Böhme hält die *BILD*-Zeitung hoch, mit dem Foto, das Trittin inmitten von vermeintlich bewaffneten Autonomen auf einer Demo zeigt. Das Originalbild liegt daneben: Der »Schlagstock« ist ein Seil, der »Bolzenschneider« ein Handschuh, das Ganze ein Medien-Fake.

»Aufgrund der Bildbearbeitung ist davon auszugehen, dass es sich um eine bewusste Fälschung handelt«, sagt Professor

Weischenberg. Der Vorsitzende des deutschen Journalistenverbandes ist genauso aufgeregt wie ich. Klug, was er sagt, nur das interessiert hier keinen. Springer hat sich entschuldigt, Trittin hat akzeptiert, Thema durch. Das Thema der Sendung, wohlgemerkt.

Also geht es um die militante Vergangenheit der grünen Amtsträger im Allgemeinen. Tiedje poltert Trittin an und der lässt ihn auflaufen. Der Umweltminister kennt die Daten und Fakten, der Medienmann nicht. So einfach ist das, Punktgewinn Trittin, Seitenwechsel. Lafontaine spricht von Pressekampagnen gegen ihn, von Fischer, von früher. Dann bin ich dran. Ich nestele am T-Shirt, druckse herum und rette mich in linksliberalen Feuilletonquark: »Mir sind Biographien mit Brüchen lieber als 19jährige CDU-Greise«, sage ich und das Publikum klatscht. Geht doch, denke ich. Werbung und weiter mit Jugendsünden. Ich versuche einen Witz: »Und Leute wie der Merz basteln sich eine pseudo-wilde Vergangenheit, damit sie heute was zum Distanzieren haben.« Die Zuschauer lachen, Trittin nickt und ich frage mich, wem ich hier eigentlich gefallen will.

Der Talk plätschert vor sich hin. Lafontaine referiert das saarländische Gegendarstellungsrecht, Tiedje verliert seinen nächsten Punkt gegen Trittin und Professor Weischenberg sagt erneut etwas Kluges, das keinen interessiert. Fernsehpolitik. Und dann wird es tatsächlich doch noch ernst. Tiedje spricht versehentlich Castor-Transporte und Kosovo-Krieg an und Lafontaine schnappt sich die Vorlage. Zum einzigen Mal wird Trittin nervös. Er lässt die beiden großen Knackpunkte der Koalition rechts liegen und flüchtet sich sofort in den Schulterschluss.

»Du, Oskar«, herrscht er den ehemaligen Finanzminister an, »du hast den Kosovobeschluss damals mitunterzeichnet, vergiss das nicht!«

Das stimmt nicht, denke ich, der deutsche Kriegseintritt ohne UN-Mandat war nach Oskars Zeit. Diskussionsgrundlage vor seinem Rücktritt war das Verheugen-Papier und das beinhaltete noch eine Ratifizierung durch die Vereinten Nationen. Zu kompliziert für ein Talk-Show-Statement, denke ich, und Lafontaine auch. Er winkt ab, sinkt in seinen Sessel. Er ist eh raus. Der Politrentner spart sich das Fahnenflucht-Gerede. Ich greife das Thema auf: »Eure Biographien sind mir ehrlich gesagt scheißegal«, sage ich eine Spur zu laut in Richtung Trittin, »aber die Atompolitik und der Kriegseintritt sind doch die Dinge, weswegen wir euch nicht mehr wählen.«

Der Minister lächelt nur, vor mir hat er keine Angst, außerdem habe ich mich im Ton vergriffen. Wer laut »Scheiße« sagt, kriegt keinen Applaus. Ausgebremst.

Die Sendezeit neigt sich dem Ende zu, und ich denke über verpasste Chancen nach. Hast du wirklich geglaubt, du hättest hier was zu melden? Und wenn ja, was? Ich will noch mal über die momentane Politik reden, aber sie lassen mich nicht mehr mitspielen. Ist schließlich nicht Thema. Ich darf noch sagen, dass die *BILD*-Zeitung eh ein Drecksblatt ist, und Tiedje nennt mich einen »dummen Witzbold«. Dann erlischt das Rotlicht.

Das war's also. Trittin verschwindet sofort im Pulk seiner Sicherheitsleute. Demnächst rollen die Castoren wieder, heute, das war noch nicht mal das Aufwärmtraining. Wir anderen gehen in einen Nebenraum mit echtem Kaminfeuer und falschen Buchrücken in den Regalen. Böhme, Lafontaine und Tiedje duzen sich, alte Freunde backstage. Anekdoten machen die Runde, die nicht für die Öffentlichkeit bestimmt sind.

»Das ist ein closed shop«, sagt Tiedje, dabei hätte man die Kameras ruhig anlassen können. Und dann wird von Kohl und der Welt erzählt, von Aktien, Residenzen in Frankreich und Schröders Verrat, wie der Scharping damals sein Wort nicht gehalten hat und so weiter. Männerbündische Belanglosigkeiten. Ist Politik wirklich so simpel, denke ich, und der Professor spricht die Frage aus.

»Ja«, entgegnet Lafontaine, »so simpel wie im Kaninchenzüchterverein. Männer und ihre Eitelkeiten. So ist das.«

Dann spricht er von seinem Rücktritt. Das Herz schlägt links. Tausendmal erzählte Geschichte, zwischen zwei Buchdeckeln versilbert. Aber wieso? Und wieso hat er den Finanzministerjob dann überhaupt gemacht, umringt von falschen Freunden? Lafontaine antwortet ungefragt: »Ich hätte nach dem Attentat nicht weitermachen dürfen.«

Hast du aber, denke ich, kein Mitleid. Ich sage ihm, dass ich sein Buch schlecht finde, ich sage nicht scheiße, ich sage schlecht und weinerlich.

»Inwiefern?«, will er wissen.

»Dieser Ton«, sage ich, »dieses Gejammere, der Gerd hat mir meine Schaufel weggenommen.«

»Ach ja ...«, seufzt Lafontaine, und zum ersten und einzigen Mal an diesem Abend schaut er niemandem in die Augen und auch nicht in die Kamera, sondern ins Leere.

»Ach ja ...«

»Wie sind die denn nun in echt?«, will Erwin wissen. »Jetzt sag doch.«

»Lass mal«, antworte ich, und hoffe, dass zumindest das Foto von Lafontaine was geworden ist. Damit ich meinen Enkeln später mal davon erzählen kann. Was, weiß ich nicht.

DIVIETO DI AFFISSIONE
ANSCHLAG-VERBOT
Art 663 C P

Nichts wird mehr so sein, wie es einmal war. Auch Astrid sagt ihn, den viel strapazierten Satz, als Floskel so wahr wie »Früher war alles anders« oder »Seit dem 11. September haben wir seltsames Wetter«. Nur nicht zynisch werden, lieber feige: »Nichts wird mehr so sein, wie es einmal war.«

Wer die Gegenwart nicht aushält, pfercht Präteritum und Futur zusammen. Die Vergangenheit verdrängt, die Zukunft ungewiss. Und was ist jetzt?

»Erst mal Urlaub«, sagt Astrid und erzählt, wie schwierig es derzeit sei, den Schülern beizubringen, dass es eigentlich falsch ist, einen Anschlag zu *verüben*. Grundfalsch sei das Verb, streng genommen.

»Und überhaupt haben die Lehrpläne noch gar nicht auf den Terror reagiert.« Sie sagt das, als hätten sie es jemals getan.

»Nichts wird mehr so sein, wie es einmal war.«

Der Gegenwart zum Trotz fahre sie zu Giovanni nach Südtirol. Wie immer. Wegen des Klimas.

»Außerdem ist es da super sicher.«

Der 11.11. ist ja auch so'n Datum. »Sollen wir Fasching nicht mal wieder nach Mainz fahren?«, fragt Astrid.

Ich fahre da so schon ungern hin, denke ich.

»In Mainz isses immer am besten.« Sie lässt nicht locker. »Jetzt fliegen gleich die Löcher aus dem Käse ... War das ein Spaß. Erinnerst du dich noch?«

Ich erinnere mich. Astrid ging als »Frau Antje« und ich hatte einen Bart angeklebt, der ständig in der Bowle hing. Wir liebten uns auf dem Behindertenklo und kotzten später in die Rabatten. Mainz-Finthen wie es sang und lachte. Schon schön.

»Ich geh' diesmal als Haremsdame«, sagt Astrid, »ach, das ist so geil, einmal im Jahr jemand anderes zu sein. Bin gespannt, was diesmal passiert. Im Karneval passieren ja immer die verrücktesten Geschichten. Es sollte ein Archiv geben, das die sammelt.«

»Gibt es, Astrid, gibt es.« Aber das sammelt keine Erinnerungen.

Ich erinnere mich daran, wie mein Opa 1976 in einer SA-Uniform zum Prinzenball erschien und die Frau an der Kasse den großartigen Satz sagte: »Heil Hitler, Herr Jochimsen, aber hier kommen Sie nur verkleidet rein.«

Wild West ist anders – trotzdem begann der Abend viel vielversprechend. Ein ostdeutscher Saloon, in dem ausschließlich Blues läuft, ist schon mal großartig. Es gab eine Musikbox mit sämtlichen B.B. King-Platten, und am Stammtisch wurden Witze erzählt. Gepflegtes Erwachsenen-Entertainment.

»Ein Wessi und ein Ossi treffen eine Fee.«

Die Barfrau lächelte meinen Nebenmann an, dann mich, und ihre Augen sagten: Noch'n Wunsch, Fremder? Ich sah, dass ihr ein Schneidezahn fehlte.

»Sagt der Wessi...«

»I went down the street«, antwortete die Musikbox.

Noch nie hatte ich jemanden mit Zahnlücke so umwerfend lachen sehen. Meinem Nebenmann ging es genauso. Die Barfrau fragte: »Was steht bei 'nem Blues-Musiker auf'm Grab?«

Wir probierten ein sexy Schulterzucken.

»Didn't wake up this morning.«

Sie lachte. Er lachte. Ich lachte. Zwecklos, sie zu fragen, wann hier Schluss ist.

»Sagt die Fee: Ich hab's mir anders überlegt.«

Jedesmal, wenn ich vor dem Laden stehe, schaue ich, ob die Alarmanlage aus ist. Und irgendwann tue ichs. Ich stürme rein, vorbei an der Schlange, und brülle: »Wenn alle ruhig bleiben, passiert keinem was. Und jetzt her mit dem Zeug, aber dalli. Mit reichlich Ketchup und Mayo in kleinen, gebrauchten und nicht fortlaufend nummerierten Tüten.« Ich weiß noch nicht mal, ob das als Überfall gilt oder als Mundraub. Egal.

Hey, ihr Yuppies, ihr Börsen-Junkies und Ciabatta-Brot-Fresser, es gibt nur drei Dinge, die wichtig sind im Leben: *Pet Sounds* von den Beach Boys, eine Göttin hinterm Tresen mit einem Lächeln für die Ewigkeit, und natürlich »Pommes Rot-Weiß«. Das ist Glück. Das ist Liebe.

Und wenn diese drei Dinge zusammenkommen, in einem Laden zusammenfallen, dann nenne ich das »more than a bank«.

Das perfekte Café

Zwei Behauptungen vorneweg. Erstens: Es gibt so etwas wie »das perfekte Café«. Zweitens: Ich kann das beurteilen.

Zu einem untrüglichen Urteil befähigt mich zunächst einmal die Tatsache, dass ich Kaffeetrinker bin. Wäre ich Teetrinker würde ich die Klappe halten, was auch prinzipiell wünschenswert wäre, denn Teetrinker haben schlechte Haut, bombardieren einen mit Kettenbriefen und lesen Hermann Hesse. Außerdem trinken sie ihr Gesöff am liebsten zu Hause, wo man die Schuhe ausziehen muss, wo Indianer-Poster rumhängen und Kerzen im Stövchen glimmen. Teetrinker kauen einem das Ohr ab und zum Rauchen muss man auf den Balkon. So.

Kaffeetrinker sind also schon mal die besseren Menschen, und ich trinke nicht nur Kaffee, ich bin süchtig. Weil diese Droge legal ist, sehe ich darin auch kein Problem. Schon als kleiner Junge wusste ich, dass das Kinderlied »C-A-F-F-E-E, trink nicht zu viel Kaffee« nicht nur rassistisch, sondern vor allem Unsinn ist, mehr noch, ich wurde mit Koffein gestillt, was mir bis heute nicht geschadet hat. Und kurz nachdem mir meine emanzipierte Mutter die Brust entzogen hatte, floh ich in die Welt. Daheim ist es nämlich keineswegs am schönsten, daheim gibt es Filterplörre, der Service lässt zu wünschen übrig und außerdem muss man abspülen. Seitdem halte ich mich vorzugsweise in Kaffeehäusern auf, ich esse, trinke, lese, schlafe und schreibe dort. Ich schätze die Nähe zu meinem Dealer. Man kann sogar sagen: Erst das Café hat mich zu einem reifen Menschen gemacht. Die Geschichte hält für solche wie mich die Begriffe »Flaneur«, »Dandy« oder auch »Kaffeehausliterat«

bereit, auf jeden Fall kenne ich mich aus, womit die zweite Behauptung auch schon bewiesen wäre.

Mit der ersten ist es ungleich schwieriger, denn die Suche nach dem »perfekten Café« ist eine langwierige und will mit der größten Sorgfalt angegangen werden.

Zuvorderst ist zu beachten, dass im Bedienungsbereich niemals Berliner Verhältnisse erreicht werden. Kellner ist ein Ausbildungsberuf und kein Casting für Vorabendserien. »Weißt du, in echt bin ich nämlich Schauspielerin.« Und deswegen bringen sie einem, wenn überhaupt, nur äußerst widerwillig etwas zu trinken. »Ich kann so nicht arbeiten.«

All diesen Schnallen sei der großartige Dialog ins Stammbuch geschrieben, in dem Woody Allen eine dunkelhäutige Nutte fragt, ob sie wisse, was ein schwarzes Loch sei. Und die Hure antwortet: »Ich verdiene mein Geld damit, Schätzchen.«

»Und wie ist das so?«, fragt Woody. »Ich meine, täglich, mit Männern, für Geld ...?«

»Immer noch besser als Kellnern.«

Die männlichen Pendants zu den Möchtegern-Servicekräften gehen fünfmal die Woche zum »workout«, tragen ihre Muskeln im Café spazieren, aber einen Kaffee zu servieren überfordert sie physisch wie psychisch.

So darf es natürlich nicht sein, wobei selbstredend auch die übertriebene Freundlichkeit, wie sie unsere amerikanischen Freunde an den Tag legen, abzulehnen ist. In den USA erhalten die Bedienungen bekanntlich kein Gehalt, sondern verdienen ausschließlich am Trinkgeld. Das hat zur Folge, dass auf jeden Gast drei Kellner kommen, die alle zwei Minuten fragen, ob man noch etwas wünsche, ob es geschmeckt habe, ob alles in Ordnung sei, ob man Deutscher sei, wie es einem denn gefalle im Land der unbegrenzten Möglichkeiten. Die dann ungefragt erzählen, dass ihr Urgroßvater mütterlicherseits auch Deutscher gewesen sei, dass sie überhaupt Deutschland toll fänden, das Oktoberfest und »Highdelbourgh«. Ich will aber den Kellner nicht dafür bezahlen, dass er den Mund hält. Erschwerend kommt hinzu, dass in amerikanischen Gasthäusern der Kaffee oftmals gratis ist, und zwar »as much as you can«, weswegen alle fünf Sekunden nachgeschenkt wird. Ein Getränk jedoch, das nichts kostet, kann per se kein gutes Getränk sein.

Beim Service gilt, wie so oft, die goldene Mitte. Cafébedienungen sollen weder speichelleckende Seelsorger sein noch arrogante Arschlöcher, sondern vor allem kompetent. Kaffeehauskellner sollen sich in erster Linie durch die korrekte Zubereitung von Kaffee auszeichnen. Nicht zu heiß, nicht zu kalt, und vor allem in gebotener Zeit hat das Getränk in ansprechende und dafür vorgesehene Gefäße gefüllt zu werden, und diese sollen dann serviert werden, ohne zu kleckern.

Womit wir auch schon bei der zweiten Conclusio wären, der Auswahl. Die Karte des perfekten Cafés führt folgende koffeinhaltige Heißgetränke auf: Kaffee, Espresso (in vorgewärmten Tassen), Cappuccino und Milchkaffee. Alles andere ist Schnickschnack. Mehr noch: Der gegenwärtig grassierende italophile Trend in deutschen Cafés ist samt und sonders zu geißeln. Ich will keine Latte-Macchiato-mit-doppio-Espresso-im-Glas-aber-Giovanni-sei-so-gut-mit-extra-viel-Milchschaum. In den Ausguss damit. Wie lange haben wir gebraucht, der deutschen Gastronomie die Sprühsahne auf dem Kaffee Hag abzugewöhnen? Jahre! Und alles nur dafür, dass ein wahrer Milchschaum-Overkill einsetzte, womit es jetzt schon wieder super subversiv trendy ist, seinen Cappuccino »mit Sahne« zu bestellen! (Ach so: Koffeinfreier Kaffee ist wie Wichsen ohne Hände! Entschuldigung, aber es ist doch so.)

Und noch was: Ein Kaffeehaus ist ein Kaffeehaus ist ein Kaffeehaus. Kein »Bistro«, kein »Coffee-Shop« und schon gar keine »Lounge«. (Früher trank man noch ein »Feierabendbier«

in der »Kneipe«, heute geht es zur »After Work Party« in die Lounge. Mein Gott: Junge Menschen, die keinen Schimmer davon haben, was »Work« eigentlich ist, feiern »After Work Parties«!) Ich ertrage sie nicht, diese beschlipsten 23-jährigen »Man muss auch an später denken«-Sager, wie sie sich mit ihren langberockten New-Economy-Mäuschen auf ein »Käffchen« verabreden und über ihr lächerliches Leben quatschen.

»Du, es muss für dich stimmen«, sagen die Business-Frauen-Darstellerinnen dann, und »quattro espressis« später lautet die politische Kernaussage: »Ach, die Welt ... ach, ja ... ach – Hauptsache, es ist Rucola-Salat dabei.«

Zurück zum Thema: Wenn man genau hinsieht, kristallisieren sich zwei Kaffeehaustypen heraus. Zum einen: das »Kevin-Marcel-Café«. Hier trifft sich die Jugend. Markenbewusst in Anglerhut und tiefergelegte Jeans gewandet, nippt sie an »Cola mit Red Bull«, hört Musik, die sie nicht versteht, und wartet aufs Erbe.

»Es is' fett krass. Ich bin in einem Haus mit 17 Zimmern groß geworden. Is' doch klar, dass man da orientierungslos aufwächst.«

Das Kevin-Marcel-Café heißt gerne »Roxy« oder »C@fé @m M@rktpl@tz«, und es ist gut, dass es da ist – so sind die Kids schon mal weg von der Straße.

Das sozialpolitisch ebenso notwendige Gegenstück ist das »Oma-Café«. Es war immer schon da, wird immer da sein, und einen Platz findet man nur, wenn ein Stammgast stirbt. Im Oma-Café parlieren die Senioren über die Monarchie oder blättern in den Todesanzeigen, sie vertilgen Sahnebomben, schlürfen Kaffee mit Dosenmilch, und Wasser gibt es nicht zum Trinken, sondern, um das Kukident aufzulösen. Gemütlich ist's, hier fiept kein Handy, nur ab und an ein Hörgerät, lauschig liegen Deckchen und anderes Stickwerk auf dem in fröhlichem Kackbraun gehaltenen Interieur. Die zentralen

Sätze im Oma-Café lauten: »Unter Hitler hätt's das nicht gegeben«, respektive: »Draußen nur Kännchen«.

Sehr alt und *ganz jung* scheiden demzufolge schon mal aus. Beide Kaffeehaustypen haben mit dem perfekten Café nicht das Geringste zu tun. Was aber dann? Es ist an der Zeit, die Suche annäherungsweise zu einem Ende zu führen. Hier also die zehn ultimativen Regeln für das perfekte Café:

1) Das perfekte Café öffnet sehr früh und hat auf bis in die Puppen. Nicht selten schließt das perfekte Café gar nicht, und dem Besitzer sieht man das auch an.

2) Sitzen kann man im perfekten Café draußen wie drinnen, wobei die Stühle draußen auf gar keinen Fall aus Plastik sein dürfen und schon gar nicht angekettet. Ein Kaffeehaus, dem die Stühle gestohlen werden, hat es nicht besser verdient.

3) Selbstredend darf man rauchen. Und zwar immer und überall. Entschließt sich ein Kaffeehaus zur Einrichtung einer »Nichtraucher-Zone« hat es bereits verloren. Es wird nicht lange dauern und der Wirt veranstaltet »Chanson-Abende« und möchte als SPD-Kandidat in den Gemeinderat.

4) Einen ganz wichtigen Punkt im Regelwerk des perfekten Cafés stellt das Essen dar. Erlaubt ist alles, Hauptsache, es gibt zu jeder Zeit Frühstück. Niemals aber dürfen auf der Karte ein »Wellness-«, »Jogger-« oder »Fitness-Frühstück« verzeichnet sein. Die deutsche Sprache hält für Grundnahrungsmittel exakte Begriffe bereit; ist ein Kaffeehaus-Inhaber dieser nicht mächtig, muss er eben noch einmal ganz von vorne anfangen. (And don't forget: Der Weg vom Tellerwäscher zum Perfekten-Café-Besitzer ist hart und steinig.)

4a) Die Hölle, das sind nicht die anderen, sondern Cafés, in denen ein »Brunch« angeboten wird. Brunch ist Beschiss, man lädt sich immer das Falsche auf den Teller und vor allem zu viel davon, der Platz auf dem Tisch reicht nie, das Ganze endet stets in einer Riesensauerei und übergeben muss man sich meistens auch noch. Von der »heißen Schlacht am kalten Buffet« sang weiland Reinhard Mey – schön war das nicht, aber er hatte Recht.

4b) Menschen, die Brunch gut finden und das auch so sagen – »Du, lass uns doch mal wieder brunchen« –, gehen auch zu Reinhard-Mey-Konzerten. Wo sie im Übrigen sehr gut aufgehoben sind.

5) A propos Menschen: Der Besuch in einem perfekten Café beinhaltet zwingend das Beobachten schöner Menschen, welche in mannigfaltiger Zahl vorüberschlendern. Will sagen: Niemals wird ein Kaffeehaus perfekt sein in einer Stadt ohne schöne Menschen. (Karlsruhe, Braunschweig und Wuppertal scheiden also leider aus.) Genauso verhält es sich mit Städten und Gegenden, in denen immer Winter ist. (Magdeburg, Husum und das gesamte Sauerland – raus.)

6) Entgegen der landläufigen Meinung (und der Kernaussage aller Woody-Allen-Filme), dass der Kneipier dein Freund ist, darf man nicht anschreiben lassen. Im perfekten Café gibt es keinen »Deckel« – was Bier-Trinkhallen machen, ist deren Sache –, Kaffee jedoch ist eine Droge, und wer sie nicht bezahlen kann, kriegt keine.

7) Im perfekten Café ist reichlich Lesestoff vorhanden. Zwingend vorgeschrieben sind die *taz*, die *Bunte* sowie das Fanzine des ortsansässigen Fußballclubs. (Sorry Heidelberg, aber kein Fußball, kein Fanzine, kein perfektes Café.) An Montagen und Freitagen sollte die *Süddeutsche Zeitung* auslicgen, die *Frankfurter Rundschau* ist nur an Wochenenden obligatorisch. Die Schweizer *Weltwoche* und der *Freitag* als Weeklys runden das Bild ab.

Hängt der *Lettre international* am Haken, erhält das Café zehn Bonuspunkte. (Die *Titanic* sowie ausreichend Comics auf dem Klo – weitere zehn Punkte. Abzug dagegen gibt es für den

Rheinischen Merkur und die *Brigitte*.) Absolut inakzeptabel ist die *WAZ*. (Und tschüss, Nordrhein-Westfalen!)

8) Kommen wir zum Thema »Kaffee und Kunst«: Nichts gegen Postkarten, Poster und anderen Wandschmuck. Allein, ein Kaffeehaus ist keine Galerie. Werke lokaler Nachwuchs-Chagalle und Schwarzweißfotos aus Kalkutta haben im perfekten Café nichts zu suchen. Und ein Wirt, der meint, Autogrammkarten zweifelhafter Prominenz an die Wand pinnen zu müssen, um zu belegen, dass diese schon mal da war, der schreibe zweihundertmal, und in Schönschrift: »Ich habe meinen Beruf verfehlt«. (Oder aber er eröffne ein »Oma-Café«.)

9) Ein Café kann mit und ohne Musik perfekt sein. Niemals aber darf das *Köln Concert* laufen – und zwar weder das von Keith Jarrett noch das von Wolf Biermann.

10) Köln scheidet völlig aus.

So viel dazu. Und jetzt lernen Sie diese Liste bitte auswendig und überprüfen Ihr Stammcafé. Ich weiß, dass Kaffeetrinker drogensüchtig und von daher oft viel zu tolerant sind, aber gehen Sie so wenig Kompromisse wie nötig ein. Es kann sein, dass Sie die Stadt wechseln müssen, aber Sie werden es mir danken. Nichts gegen euch, Kneipiers, aber letztlich wissen wir es doch alle. Das definitiv wichtigste Ziel im Leben ist es, immer auf der richtigen Seite des Tresens zu stehen. In einem perfekten Kaffeehaus, versteht sich.

Wieso läuft in solchen Momenten eigentlich immer Udo Jürgens?
»Die hat das doch von Anfang an geplant«, sagte der Mann am Tresen. Nicht, dass ich ihn gefragt hätte.

»Ich hab' immer alles gezahlt. Kegeln und schick essen und alles. Sie hatte es gut. Ich hab' sie doch da erst rausgeholt und überhaupt«, brüllte er, »und dann brennt diese Thai-Schlampe mit dem Kellner durch.«

Rechnung ohne den Wirt gemacht.

»Ich war noch niemals in New York«, tönte der Lautsprecher.

Da kommst du auch nicht mehr hin, dachte ich.

»Die Schlampe liegt jetzt irgendwo in der Sonne, und ich?«

Verurteilt zu lebenslänglich Bratwurst und Herrengedeck, dachte ich. Ohne Bewährung.

Natürlich hieß die Inhaberin Gaby. Mit Ypsilon. Und natürlich lief schlechte Musik, »Let's play Master and Servant.« Gönnerhaft legte ich die Finger in das Wasserschälchen. Rockstar-Gehabe:

»Was war das Aufregendste, was du in deinem Leben je gemacht hast, Gaby?«

Sie zuckte noch nicht einmal mit den Wimpern:

»Ich habe Paco di Lucia einen runtergeholt.«

»Dem Gitarristen? Hier im Laden?«

»Er brauchte plastic nails für einen Auftritt.«

Ich sah auf ihre lackierten Krallen.

»Und?«, fragte ich.

»Er hat mir ein Lied vorgespielt. Ganz allein. An seinen Fingern sah ich, dass er einsam war. Und ich war es auch.«

Und von welchen Abenteuern erzählen meine Hände? Ich faselte etwas von einer Schlägerei und Gaby lächelte. Nagelbettentzündungen lügen nicht. Ich hatte mir auf den Daumen gehauen – beim Aufhängen eines Rosina-Wachtmeister-Bildes.

Sie hieß wirklich Rita G. und sie sagte das auch so: »Hi, ich bin Rita G-Punkt, hahaha.«

»Nach dir such' ich schon lange«, entgegnete ich, aber nachdem sie losgelegt hatte, verging mir mein Witzeln.

Erst löste sie mein Karma auf, was ausgesprochen angenehm und sexy war, dann holte sie paar Seelen zurück (unter anderem die von Elvis und Ernst Jünger). Vollends verfallen bin ich ihr allerdings, als sie schließlich ein geschmeidiges Krafttier aus mir hervorzauberte. Es sah ein bisschen so aus wie eine Kreuzung aus Bambi und Clarence, dem schielenden Löwen aus *Daktari* – aber das nur nebenbei.

Als Ernst Jünger irgendwann zur Videothek ging, um sich ein paar Guido-Knopp-Filme zu besorgen, gab es kein Halten mehr. Wir soffen um die Wette, ich machte Rita mein brüllendes Reh mit Silberblick und sie ließ mich ein wenig nach ihrem Nachnamen suchen.

Es war wirklich ein toller Abend. Elvis ist mein Zeuge.

Ich habe lange gerätselt, was sich hinter dieser Fassade verbirgt.
Das kackbraune Schild, die geschlossenen Rollläden, ein trauriger Bungalow, dem man von außen ansah, wie er innen riecht. Irgendwann rief ich an und fragte. Die Antwort: Man nehme hier »Kontaktanzeigen für Immobilien« entgegen. Ich versuchte mir das vorzustellen:

»Rüstiger Altbau sucht Villa im Grünen. Zuschrift mit Foto unter Chiffre.«

Oder: »Bauernhaus, allein stehend, sucht vollschlanke Doppelhaushälfte. Einliegerwohnung kein Hindernis.«

Immobilien können so verdammt einsam sein.

Ich sah mir noch mal die trostlose Fassade an.

»Du, Bungalow«, rief ich, »wirst auf ewig einsam sein. Und zu Recht, denn hinter deinen Eternitplatten arbeiten Makler!«

Mir schien, als sei das seelenlose Treiben im Inneren des Gebäudes nach außen diffundiert, damit es jeder sehen konnte. Es gibt noch Gerechtigkeit!

Stop making Sommerloch!

»An jenem Tage, da alle Menschen auf Erden zur Langeweile bereit sind, wird die Menschheit erlöst werden.«
(Frédéric Beigbeder)

Es passiert immer mitten im Sommer: Die Sonne lullt vom Himmel, die Arbeit ist getan, everything's cool – und auf einmal sind alle im Urlaub und ich habe Zeit. Endlich Zeit, all das zu tun, wozu man man immer keine hatte. Aber es geht nicht. Ich bin wie paralysiert. Ich beginne, die Kacheln der Badezimmerwand zu zählen, und ahne, dass sie wieder da ist, diese Lähmung namens Langeweile. Es ist ein seltsamer Moment der Klarsicht: Was, wenn das nicht mehr aufhört? Was, wenn es eigentlich immer so ist, und ich merke es nur nicht?

Wie jedes Mal, wenn ich so drauf bin, stelle ich mir vor, ich hätte den langweiligsten Job der Welt, sagen wir Makler oder besser: Werbetexter. Ich müsste einmal im Jahr einen Spruch abliefern und ansonsten Kacheln zählen. Der Spot, an dem ich arbeitete, wäre der universelle Werbespot, eine Allegorie auf das Leben: Man sieht Menschen, die immer nur dasselbe tun. Sie laufen rum, schlafen, sitzen im Büro, gehen einkaufen, laufen wieder rum. Das Ganze ist unterlegt mit einer unglaublich öden Musik, *Words don't come easy* von F. R. David vielleicht, immer nur das Intro, oder *Oops, I did it again*. Natürlich feiern die Leute auch, eine Grillparty eventuell, sie stehen am Pool oder im Salon einer Villa, total entspannt, nur eben auch ohne Spannung, sehr relaxed, nur eben auch boring. Und dann tritt eine ziemlich langweilige, aber ebenso hippe Frau ins Bild und haucht einem supersmarten Langweiler ins Ohr: »Komm, lass uns die Zeit totschlagen.«

Aus dem Off ertönt der Slogan »Langeweile muss man sich leisten können«, und dann wird das Produkt eingeblendet. Es kann alles sein, ein Bier, ein Reiseveranstalter, ein Joghurt. Vielleicht sollte ich den Spot auch der Deutschen Bank schicken?

Es gibt ein Gedicht von Uli Becker, das alles sagt. Es geht so: »Ich erinnere mich, am langweiligsten waren immer die Pferdedressuren.«

Auch ich erinnere mich: Wenn mir als Kind langweilig war, weil meine Freunde in Ferien waren oder einfach nur so, wenn absolut nichts los war, dann ging ich raus auf die Straße. Ich lief rum und versuchte, nicht auf Fugen zu treten; ja nicht auf einen Strich treten, mit dem Fuß immer nur in die Mitte des Straßenpflasters, nie auf die Begrenzung. Ich stellte mir vor, dass, wenn ich versehentlich auf einen Strich träte, sich eine Falltür öffnete, mitten auf dem Asphalt, und ich in die Tiefe stürzte. In eine Grube, in der Tausende von Raben meine Eingeweide raushackten und aufäßen.

Ich hatte immer einen Mordsrespekt vor Raben. Wegen »Hoppe-hoppe-Reiter«. Ein sehr guter Garant gegen Langeweile, als ich klein war. Wenn gar nichts mehr ging, gab's immer noch Hoppe-hoppe-Reiter-Spielen, mit dem nie enden wollenden Nervenkitzel wegen des Grabens.

Irgendwann war ich dann zu alt dafür. Also ging ich raus und versuchte nicht auf Striche zu treten. Immer und überall. Wie in *Besser geht's nicht*. Wie ein fünfjähriger Jack Nicholson. Manisch bekloppt.

Der Weg zum Kindergarten war ein riesiges Problem, weil es da über Kopfsteinpflaster ging. Und später wurde ich beinahe nicht eingeschult, nicht nur wegen meines Namens, sondern auch, weil man bei diesem Test für die Schulreife auf dem

Strich gehen musste. Zehn Meter auf einem Kreidestrich entlanglaufen, ohne hinzufallen. Und mit dem rechten Arm über den Kopf ans linke Ohrläppchen greifen musste man. Das konnte ich. Bei dem Strich aber, da lief ich ganz knapp daneben, der Raben wegen. Ich bekam eine Brille und wurde trotzdem eingeschult.

Gott, war Schule langweilig. Meine Mutter musste mir ständig neue Mathematikhefte kaufen, Din A5, kariert, mit Rand. Weil ich aus Langeweile immer Strichgirlanden hineinmalte. Das ging so gut in den kleinen Vierecken: vier Striche längs, dann drei diagonal, dann wieder vier längs und so weiter. Malen statt Zahlen. Und natürlich auch: »Das ist das Haus vom Nikolaus.« Immer und immer wieder, unzählige Nikolaushäuser wollten erbaut sein.

Auch Hakenkreuze habe ich gemalt. Aus Langeweile. Und weil's einfach war, Längsstrich, Querstrich und vier Häkchen: »Hier der Scheitel, da das Schnäuzchen, fertig ist das Hakenkreuzchen.« Und wieder ein neues Mathe-Heft. »Wir brauchen das für Geschichte, ehrlich.«

Vielleicht ist das Hakenkreuz ja ein verunglücktes Nikolaushaus. Wieso soll Hitler nicht auch langweilig gewesen sein als Kind? Gemalt hat er auch gern. Und schlecht! Als wir in der zehnten Klasse die Dokumentarfilme gesehen haben, hätte es mich nicht gewundert, wenn Nikolaushäuser auf den Fahnen gewesen wären.

Später dann schlafen aus Langeweile. Essen aus Langeweile. Spiele-Abende aus Langeweile. Wenn man sich nichts mehr zu sagen hat und auch die Freunde haben sich nichts mehr zu sagen, muss man schon mal nicht mehr reden.

Manchmal werde ich auch sehr ungerecht. Mit wem war es am langweiligsten? Mit Astrid? Eigentlich habe ich es immer genossen, wenn wir im Bett lagen oder auf der Couch und nichts mit uns anzufangen wussten. Trübe, öde Tage, an denen wir uns aus purem Zeitvertreib liebten. Mit Katja war mir nie langweilig. Nicht dran denken, back to boredom.

Ich lese ab und an sogar den Politikteil meiner Lokalzeitung. So langweilig ist mir manchmal. Meine Lokalzeitung interviewt Gerhard Schröder. Er, der mächtigste Mann im Staat, muss sich von meiner Lokalzeitung interviewen lassen. Und ich muss das dann lesen. »Jetzt beginnt die Mühsal der Ebenen.« Das hat der Schröder gesagt.

»Jetzt beginnt die Mühsal der Ebenen.« Was soll das heißen? Ich glaube, es war so: Meine Lokalzeitung hat irgendwas gefragt, was Langweiliges, und der Schröder hat gar nicht hingehört, sondern unterm Tisch mit seinem Rubik-Würfel gespielt, weil ihm langweilig war. Und er hat gerade eine Fläche zusammengehabt, die rote wahrscheinlich, und dann hat er vor sich hin gemurmelt: »Jetzt beginnt die Mühsal der Ebenen.«

Ich kenne das. Das war aber auch mühselig. Und langweilig. Den Rubik-Würfel kriegte man eh nur mit der Lösung hin, die damals im *Spiegel* stand. Aber ich lese den *Spiegel* nicht, noch nicht mal aus Langeweile.

Wenn, dann lese ich die *ADAC-Motorwelt*. Wieso sind in der *ADAC-Motorwelt*, der mächtigsten und auflagenstärksten und reichsten Zeitschrift in Deutschland, eigentlich nur Werbungen für versteckte Absätze in Herrenschuhen, Haarwuchsmittel, Potenzhilfen und Treppenlifte drin? Das ärgert mich. Aus purer Langeweile könnte ich zur Revolte blasen: Wie lange sollen wir uns noch gängeln lassen von greisen und impotenten Zwergen, die den ganzen Tag Auto fahren?

Revolution aus Langeweile. In die FDP eintreten aus Langeweile. Gewalt aus Langeweile. Man könnte ruhig auch mal wieder provokant sein. Und sei es aus Langeweile. Ich sollte mir ein Schild um den Hals hängen, auf dem steht: «Ich bin eine kriminelle Vereinigung.« Oder: »Ich bin Makler.« Oder noch besser, ich klebe mir ein Stück schwarzen Tesafilm auf die

Wange, erfinde einen fucking claim und schlage das der Firma Tesa als Treatment für einen Spot vor. Schließlich bin ich Werbetexter. Besonders, wenn mir langweilig ist.

Was Michel Houellebecq kann, kann ich auch: Urlaub auf Lanzarote

Der Meister hat eine Erzählung geschrieben. Über Lanzarote. Und Fotos hat er auch gemacht. Gibt's für 50 Euro bei DuMont. Dass die Welt schlecht ist, wusste ich schon vorher, und dass auf Lanzarote nur Kakteen wachsen, auch.

Dass aber auch echtes Leben sprießt auf der Insel, hat der Meister übersehen, weil er den Kopf immer gesenkt hält (vom Rauchen?). Die Schönheit jedoch liegt hoch oben im Verborgenen.

Oder ganz unten. Aber auch diesen Löwenzahn wollte er nicht sehen, obwohl er im Französischen »pissenlit« heißt. Wahrscheinlich hasst er diese zarte Blume, weil sie unter einem Mülleimer lebt, welcher von César Manrique entworfen wurde. (Und für den Meister gilt: Auf Lanzarote soll es keine anderen Künstler geben neben mir – außer Nobelpreisträger.) Ich liebe diese Mülleimer, sie sehen aus wie Raketen.

Deswegen sind sie auch angekettet. Damit sie nicht wegfliegen. (»Mülleimer in Ketten«, was wäre das für ein Bild gewesen!)

An allen Ecken kann man auf Lanzarote übrigens Spanisch lernen, aber der Meister kann's bestimmt schon. Oder er spricht einfach Französisch. (Und anschließend noch drei Dinge, die der Meister partout nicht sehen wollte.)

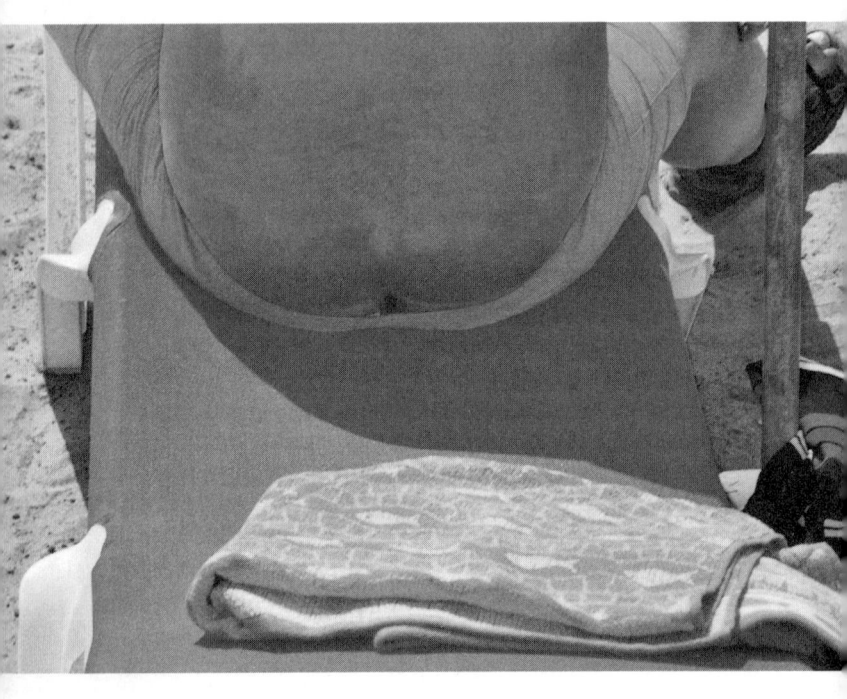

»**Elementarteilchen** oder: Lanzarote am Strand I«

»**Die Ausweitung der Kampfzone** oder: Lanzarote am Strand II«

»Der Durst und die Fata Morganas machten es dem Straßenbauer nicht einfacher.«

Wie letztens Gerhard Polt in meinem Computer war

»Das Programm wurde beendet, weil unerwartet Fehler 3 aufgetreten ist.«

So ein Computer ist manchmal gnadenlos. Egal, was man macht, er verfinstert sein Antlitz und sagt ironiefrei und immer wieder, dass man neu starten soll, »weil unerwartet Fehler 3 aufgetreten ist«. Das einzig Tröstende ist das »unerwartet«, aber ich weiß, der Tag wird kommen, an dem mein Computer meint: »Das Programm wurde beendet, weil, wie zu erwarten war, wenn ein Depp in die Tastatur haut, Fehler 3 aufgetreten ist.«

Was »Fehler 3« ist, sagt mir mein Computer natürlich nicht. Und ich habe mich auch nicht getraut, jemanden zu fragen. Es war so:

Ich hatte eine E-Mail erhalten, welche sich zwar lesen ließ, aber mehr auch nicht. Wollte man sie beantworten, weiterleiten oder ausdrucken, stieg der Rechner aus. Ich konnte noch nicht einmal den Text der Strompost markieren und in mein Schreibprogramm transferieren, immer trat völlig unerwartet Fehler 3 auf, und aus die Maus.

Da mir besagte Post – sie trug den Vermerk »Gerhard Polt« – aber doch sehr wichtig war, tat ich etwas sehr Demütigendes und schrieb sie von Hand ab. Man fühlt sich ganz schön blöd und auch um den technischen Fortschritt beschissen, wenn man so vor seinem Rechner sitzt und mit Bleistift den Bildschirm abschreibt – nur um das Gekrakel später wieder im Schreibprogramm abzutippen!

Allein, die E-Mail war es wert, sie folgt unzensiert und in voller Länge:

»Sehr geehrter Herr Jochimsen, bitte wundern Sie sich nicht über diesen Brief. Wir, zwei Freundinnen und ich, besuchten letzten Monat den Auftritt von Herrn Polt im Saal der Paulusgemeinde und waren, gelinde gesagt, empört. Da wir bei keiner Zeitung dieser Stadt Gehör fanden, wenden wir uns an Sie als Kabarettisten und sozusagen Kollegen von Herrn Polt. Es kann doch nicht angehen, dass dieser Herr Polt (ein Bayer, also von dort, wo der Nationalsozialismus seinen Ausgang nahm) auf die Bühne steigt und in derart dümmlicher Manier sein rechtes Gedankengut absondert. Und das Publikum klatscht auch noch. Das Auftreten von Herrn Polt lässt sich wirklich nicht anders beschreiben als faschistoid. Vielleicht können Sie als Kabarettist hierzu ja Stellung nehmen, und falls Sie Herrn Polt treffen, sagen Sie es ihm ruhig. Wir hätten nicht gedacht, dass so etwas wieder möglich ist! Hochachtungsvoll, Gerlinde S. aus M. bei F. und Freundinnen. P.S. Ich bin Lehrerin und kann das sehr wohl beurteilen.«

Also, der letzte Satz gefällt mir am besten. Und ich habe eine neue Theorie, was den unerwarteten Fehler 3 angeht: Mein Computer ist ein Guter. Wenn etwas zu Dumpfdoofes in ihm abgeparkt wird, schaltet er sich einfach ab.

Liebe Gerlinde S. aus M. bei F., haben Sie Dank für Ihr Schreiben. Sie (als Lehrerin) sprechen mir (als Kabarettisten) geradezu aus der Seele. Gerhard Polt ist ja schon lange ein Gewährsmann der rechten Szene. Nicht erst seit seinem Propagandafilm *Man spricht deutsh* (ein Synonym für »Heute Deutschland und morgen die ganze Welt«), den er vor Jahren mit seinen Schergen drehte. Nebenbei: Mit von der Partie waren damals schon der Boxfreund und Neofaschist Werner Schneyder (ein Österreicher, also von dort, wo der Nationalsozialismus seinen Ausgang nahm) und der erzkonservative Junker Dieter Hildebrandt (ein Schlesier, also von dort, wo der Nationalsozialismus seinen Ausgang nahm). Dass Polt jetzt den Paulussaal für seine Hetztiraden missbraucht, ist wahrlich ein starkes Stück, aber wer, wenn nicht Sie (als Lehrerin) wissen um die Rolle der Kirche im Dritten Reich. »Und das Publikum klatscht auch noch.« Ja, liebe Gerlinde, wer bei so was klatscht, der klatscht auch Ausländer. Wenn ich Ihre E-Mail so lese, kann ich Ihnen nur beipflichten: Ich hätte nicht gedacht, dass so etwas wieder möglich ist! P.S. Ich kann das sehr wohl beurteilen, ich ...

»Der Text wurde beendet, weil unerwartet Fehler 3 aufgetreten ist.«

Das Leben ist eine Wasserrutsche. Es war Erwin, der im Freibad philosophisch wurde. »Mal bist du oben, mal gehste baden. Und den Rest der Zeit stehst du an.«

Mir machte die Rutsche Angst, jung und geil und legasthenisch, wie ich war. Ich wusste doch, was abging, wenn ich einsam war. Den ganzen Tag in der Sonne, Katja und »schmierst du mir den Rücken ein«. Abends wurde es dann hart, wenn ich im Bett lag, die Augen starr, die Hand mechanisch. Krumme Finger kriegte man davon und blind wurde man. Erwin, der Philosoph, versuchte mir die Furcht zu nehmen: »Hör zu, Kleiner«, sagte er, »alle machen das. Der Deutsche legt seine Hände nicht untätig in den Schoß.«

Ganz beruhigt hat mich das nicht, aber Erwin fragte: »Weißt du, was ich denke, wenn ich onaniere?« Ich wusste es nicht.

»Ach, denke ich«, sagte er, »ach – eigentlich bin ich gar nicht so mein Typ.«

Wer sagt, dass man, wenn man alleine auf dem Rücken liegt, nicht lachen kann?

Wanking the Führer

»Die Wahrheit liegt irgendwo da draußen.«

Die Ehrlichkeit dagegen haust im privaten, familiären, wenn nicht gar intimen Bereich. »Du sollst nicht falsch Zeugnis ablegen wider deinen Nächsten.« Und damit fängt die Malaise doch schon an. Der zentrale Imperativ meiner Kindheit, endlos gelooped, lautet: »Sei ehrlich! Sei ehrlich! SEI EHRLICH!«

So etwas prägt und ist doch eine Riesen-Grütze. Es gibt nichts Schlimmeres als immer aufrichtig zu sein, was ja – seien wir doch mal ehrlich – nichts anderes bedeutet, als im falschen Moment die Wahrheit zu sagen.

Meine frühesten Erinnerungen an die Ehrlichkeit sind allesamt mit der Großmutter mütterlicherseits verbunden. Eine imposante Frau, groß, bestimmt zwei Meter dreißig damals. Sie hatte Wasser in den Beinen und eine laute Stimme, mit der sie mich immer wieder fragte: »Hast du denn die Oma lieb?«

»Nee.«

Ich war nur ehrlich. Sie gab mir oft noch eine Chance und tat, als sei sie schwerhörig.

»Wie?«

»NEIN!«

Ich hätte es nicht sagen dürfen. Die Oma hat es bestimmt gut gemeint mit mir. Sie liebte mich und zeigte das nicht selten körperlich. Wenn Erinnerungen wirklich ehrlich sind, dann sind sie taktiler Natur: in den Körper eingebrannte Oma-Berührungen. Zum einen wuschelte mir die Großmutter mütterlicherseits ständig durch die Haare, was nervig war, aber – zumindest bis zu meinem Eintritt in die Haargelphase – nicht weiter schlimm. Des Weiteren pflegte sie mich zu küssen. Eine

Liebesbezeugung ersten Ranges, sicher, aber keine schöne. Ihr Odem roch streng und das Kukident tat ein Übriges. Doch auch dies ließ ich geschehen. Was meine Ehrlichkeit aber schließlich Wort werden ließ, war das Mundwinkelbetupfe. Ich muss als Kind – nur für die Oma sichtbar – Myriaden von Bakterien um den Mund herum gehabt haben. Andauernd sagte meine Großmutter: »Moment, du hast da was.« Dann spuckte sie in ein Taschentuch oder befeuchtete ihren Rockzipfel, um mir so das Antlitz zu säubern. Ich konnte frisch gewaschen aus dem Bad kommen, die Oma entdeckte noch Schmutz.

»Du hast da was.« Gegen die gefährlichen Keime in meinem Gesicht half letztlich nur der großmütterliche Speichelfluss. »Du hast da was.«

Ich schrie es heraus: »Oma! Irgendwann kommst du dafür ins Heim!« Und ich hatte Recht, wie sich Jahre später zeigte. Kinder sind eben oft gnadenlos in ihrer Ehrlichkeit. Vielleicht ist es diese frühe Prägung, die es mir unmöglich macht zu lügen. In der Öffentlichkeit wird das zwar nicht geschätzt, jedoch zumindest toleriert. Im privaten Bereich ist es eine Katastrophe. Eine »ehrliche Haut« bin ich wohl, oder anders formuliert: ein kompletter Volltrottel.

Meine Beziehungen scheiterten regelmäßig an den Fragen »Liebst du mich?«, »Sind dir meine Brüste zu klein?« und natürlich »Findest du mich zu dick?«. Ehrlichkeit macht einsam.

Astrid trieb das auf die Spitze: »Woran denkst du beim Sex?« Oder schlimmer noch: »An wen?«

Beim Sex muss ich mich konzentrieren, verdammt. Ich denke da nicht an andere Frauen oder so. Ich bin ein Mann und, um ehrlich zu bleiben, denke ich an Dinge, die es mir ermöglichen, mich nicht allzu frühzeitig zu blamieren. An Politik oder Fußballer-Interviews denke ich da zum Beispiel. Ehrenwort: »Ja gut, sicherlich, wir haben es in der ersten Halbzeit versäumt, den Sack zuzumachen. Aber wir haben nicht wirklich schlecht gespielt. Klar, dem ein oder anderen im Team fehlt vielleicht noch die letzte Spritzigkeit. Daran müssen wir arbeiten, doch mit dem Defensivverhalten bin ich sehr zufrieden, von den acht Gegentoren einmal abgesehen. Da kann man sicherlich ... Und noch was: Jess, komm noch nicht!«

Mein Gott, muss man denn alles preisgeben? Darf man keine Geheimnisse mehr haben? Die Lüge rettet die Liebe und nicht die Ehrlichkeit. Vergib mir Astrid, ich war gerne mit dir im Bett, aber ich konnte nicht anders.

»Woran denkst du gerade?«, stöhnte sie.

»An Adolf Hitler, Schatz.«

Es war die Wahrheit.

Astrid brüllte mich an: »Du Wichser!«

»Woher weißt du das?«

Ich will ehrlich sein: Ja, ich onaniere. Länger als mein halbes Leben tue ich das. Nennt es Onanie als den letzten Raum des Privaten, der noch frei von Politik ist, nennt es Onanie als Triebabfuhr. Ich tue es nicht allzu oft, nicht allzu gern, aber erfolgreich. Mal so in einen Socken rein, mal nicht. Das dauert keine zwei Minuten bei mir, kein Stress, wer nachher im Feuchten liegt ... Vielleicht wichse ich auch, weil ich viel alleine bin? Auf Tournee, wenn ich spät abends im Hotelzimmer liege und mich einsam durch die Kanäle zappe?

Man wird aber auch animiert im Fernsehen. Warum sonst laufen so viele Werbespots für Telefonsex in der Flimmerkiste? Diese Sex-Hotlines, in denen mit feinen Wortspielen für die Liebe geworben wird: »Null-hundert-neunzig-Sex-Sex-Sex--- Sex-Sex-Sex. Ruf an!« Um ehrlich zu sein, ich brauche da nicht erst anzurufen, mir reicht das.

Es war an einem 20. April, um elf Uhr nachts, ich lag in einem Berliner Hotelzimmer und sah fern. Versaute Girls besorgten es sich live auf der Line und ich besorgte es mir. Die

Mädels räkelten sich lasziv auf dem Bildschirm. Ja, ich legte Hand an mich, eine Minute lang, eineinhalb, die Frauen feuerten mich an, ich war gut dabei, sie stöhnten, ich war kurz vor dem Höhepunkt ... Auf einmal sah ich im Fernsehbild einen harten Schnitt und dann eine Werbung anderer Art: »Time-Life-Video. Hitler, der Privatmann.«

Sicher überlegt man da, Astrid, aber ich war so kurz davor, du kennst das doch, ich konnte mich einfach nicht mehr zurückhalten, und wie der Führer im Fernsehen wissen wollte: »Deutsches Volk, ich frrrage euch, seid ihr soweit?«

»Jaaaah!«

Der ultimative Einbruch des Politischen ins Private. Seitdem kriege ich Hitler nicht mehr aus dem Kopf raus. Schön ist das nicht, aber, Astrid, was meinst du, warum ich fortan so lange konnte?

Seien wir ehrlich, irgendwann nutzt sich jede Beziehung ab, wird das Besondere Alltag. Astrid fing an, mir die Mundwinkel abzutupfen, und ich begann, mir beim Sex Hitler mit Brüsten vorzustellen.

Sie fragte wieder: »Hast du irgendwas? Willst du reden?«

Ich antwortete: »Ach weißt du.« Und: »Irgendwie.«

Letztlich, also das muss ich ehrlich sagen, reagierte Astrid sehr verständnisvoll.

Wenn du das Foto veröffentlichst, bringe ich dich um. »Das ist die dümmste, frauenverachtendste und peinlichste Werbung, die ich je gesehen habe.« In solchen Dingen kannte Astrid keinen Spaß.

»Ich hab's kapiert«, sagte ich, »aber du hast jetzt den Lack zerkratzt, die Rückscheibe mit Harry-Potter-Aufklebern verziert und *www.dummes-arschloch.de* auf die Motorhaube gesprüht. Und das Auto steht immer noch in unserer Straße.«

»Das lass meine Sorge sein«, grollte Astrid, »aber wenn du das publizierst und auch noch Werbung für diese Schweine machst, kriegst du Liebesentzug auf Lebenszeit.«

»Astrid, ich halte es für meine journalistische Pflicht, diesen Schwachsinn ...«

»Ich schwöre es, sollte ich das Bild jemals gedruckt sehen, schneide ich dir den Schwanz ab.«

Kann sein, dass ich die Homepage in Kürze aufsuchen muss.

Früher war das Beruferaten heiter. »Was willste denn mal werden?«

»Lokomotivführer.«

Muss eine gute Antwort gewesen sein, damals, so wie alle strahlten. Dabei hätten wir es wissen müssen.

»Welches Schweinderl hätten S' denn gern?«

Die Wahl zwischen Sau und Sau.

Heute rät keiner mehr. Business as usual. Nicht fragen, was man wollte, sondern sagen, was ist. Wenn Männer zusammensitzen, reden sie über den Job. Nach der Arbeit ist vor der Arbeit und »working class hero is something to be«. Die Kinder erben die Sehnsucht – in Märklinformat auf Press-Span geschraubt. Und die Frauen eröffnen Boutiquen. Wie Astrid. Die Erste, mit der ich von später träumte.

Es gibt mir einen Stich, wenn ich heute an ihrem Laden vorbeigehe. Wie man als Lehrerin dazu kommt, nebenbei ein Geschäft aufzumachen, ist das eine, aber den Namen will ich nicht wahrhaben.

»Und du?«, fragte ich sie einmal, als wir im Bett lagen. »Was willst du mal machen?«

»Ach«, sagte sie, »irgendwas mit Sprachen.«

Deutsch war nicht dabei.

Smells like Teufelskreis. Es gibt nicht einen vernünftigen Grund, in so ein Studio zu gehen. Aber vier schwerwiegende Argumente: »Ich bin dreißig, Single und habe Röllchen am Bauch«, sagte Astrid, »und wenn du wirklich mein Freund bist ...«

Und so schwitzten wir inmitten von Menschen, die keine gute Figur machten, um eine solche zu bekommen. Wir liefen auf Laufbändern und fuhren Fahrrad, ohne uns von der Stelle zu bewegen. Der Begriff »Spinning« ist nicht so weit hergeholt. Ich sagte: »Wenn früher Zirkeltraining auf dem Plan stand, hattest du dreimal im Monat deine Tage.«

»Heute dürften sie ruhig mal ausbleiben«, lachte Astrid.

Im Café rauchte sie dann ein ganzes Päckchen, aß zwei Stück Torte und gab dem Kellner ihre Handynummer.

Man kann Sinnvolleres tun, um Kalorien zu verlieren.

Von ersten Schritten und Worten

Mein Sohn Tom ist jetzt 13 Monate alt und ich gebe mal einen Zwischenbericht: Tom ist, wie wir es in Elternkreisen formulieren, ein prima Esser, und wenn er denn mal eingeschlafen ist, schläft er ruhig und tief. Was Kommunikation und Fortbewegung angeht, kann man sagen: Er läuft besser, als er spricht. Wobei das nicht so schwer ist, weil Tom noch nicht so viel spricht. Genau genommen sagt er eigentlich nur »Nana«. Das kann er dafür sehr gut. Auch »Nanana« und »Nananana«, je nachdem. »Nana« in allen Tonhöhen und Varianten, flehend, lachend, heulend, glucksend. Manchmal ist es nicht so einfach rauszufinden, was er gerade meint, aber so viel weiß ich schon: »Nana!« mit einem Ausrufezeichen heißt »Apfelsaftschorle« und »Nana!!«, mit zwei Ausrufezeichen und lauter, »Schokoladenkeks«. Ein wenig kluger Elternsatz lautet daher: »Nein, du kriegst jetzt kein Nana!!« Denn dann folgen einige »Nanas« von äußerst-quengelig bis aus-vollem-Leibe-brüllend, und zwar so lange, bis alle Umstehenden wissen, hier geht ein Kinderschänder mit einem geraubten Baby spazieren, und spätestens dann setzt sich Tom durch.

»Nana« kann übrigens auch ein Verb sein. Wenn Tom in die Ferne deutet und »Nana« sagt, möchte er laufen. Oder besser: Laufen üben. Er läuft dann ein paar Schritte, strahlt und lacht übers ganze Gesicht, er quiekt vergnügt und fällt auf die Nase. Dann schreit er wie am Spieß, und es braucht eine Menge »Nana!« und »Nana!!«, um ihn wieder zu beruhigen.

Leider kann ich mich nicht erinnern, wie es war, als ich so klein war, aber ich glaube, es muss schön gewesen sein. Die ganze Welt ist ein Laut, und alle verstehen einen. Beeindruckend finde ich das schon, für Tom ist der Kosmos »Nana«: Häuser, Bäume, Autos, unsere Nachbarstochter, mein Handy, einfach alles ist »Nana«. Nur Hunde nicht, die sind »Wau«. Ich habe keine Ahnung, warum dem so ist. Muss ich mir Sorgen machen, dass mein Sohn ausgerechnet diese beiden Laute zu seinem aktiven Wortschatz erkoren hat? Dass seine Welt aus einem Haufen »Nana« und Hunden besteht?

Manchmal wünsche ich mir, dass Tom das Sprechen so erlernte wie das Laufen. Ein falsches Wort und patsch, fliegt er auf die Fresse. Es würde schneller gehen.

Noch mehr wünsche ich mir allerdings, dass Tom besser einschläft. Das ist ein großes Problem. Eigentlich müsste er vom vielen laufen und sprechen Üben so müde sein, dass er auf der Stelle die Augen zumacht. Ist aber nicht so. Um den pädagogisch beschlagenen Leserbriefschreibern vorzubeugen, ich kenne die einschlägige Literatur, sowohl *Kinder reisen durch die Nacht* als auch *Jedes Kind kann schlafen lernen*. Fazit: meins nicht. Vielleicht liegt es daran, dass Tom beim Laufen nicht spricht und das dann abends, wenn er sich nicht mehr auf den Beinen halten kann, nachholen muss. Er liegt in seinem Bettchen, hält seinen Stoffhund fest im Arm und erzählt ihm, wie der Tag war. Und ich muss auch zuhören, sonst ist das Geheule groß. Der Stoffhund ist im Übrigen eindeutig ein Hund, trotzdem nennt Tom ihn »Nana!!!«. Also, logisch ist das nicht.

Wenn mein Sohn stundenlang so daliegt und brabbelt und nicht einschlafen will, werde ich oft sentimental und überlege, wie ich all das Unheil der Welt von ihm abhalten kann. Gerade Tiere betreffend. Ich erinnere mich an den schmerzhaften Verlust von Teddy Freddy oder wie ich mit Idefix aus den *Asterix*-Comics weinte. Ich weiß noch genau, wie es mir ging, als ich zum ersten Mal einen gerodeten Wald sah. An Bugs Bunny erinnere ich mich und wie es war, als es bei der Oma dann »Falschen Hasen« gab.

Und natürlich erinnere ich mich an meinen Opa und die Sache mit Bambi.

Dann denke ich mir, dass ich auf den Stoffhund meines Sohnes gut aufpassen muss und dass man ohnehin nicht vorsichtig genug sein kann und dass der heutige Filmtrash auch sein Gutes hat, weil man Pokémons nicht so viel antun kann.

Wie ich so denke, ist es meistens weit nach Mitternacht, und ich verlasse auf Zehenspitzen Toms Zimmer. Durch die Tür höre ich dann ein leises, aber bestimmtes »Nana«, und ich frage mich, mit wie vielen Ausrufezeichen das jetzt gemeint war.

We take care of nice people!!

American brunch
every Sunday ... oo to 15.00

SAMEN-HA

Samen Hambrecht

Brautmoden

Am schlimmsten sind die Sätze auf den Einladungskarten. Wir wagen den Schritt. Wir tun es. Wir trauen uns.

Von »Torschlusspanik«, »Babywunsch« und »steuerlichen Gründen« schreiben »wir« nie. Und komischerweise auch nicht von »Liebe«.

Heiraten hat mit Unterschrift-Üben zu tun. Raider heißt jetzt Twix. Und Seitensprung Ehebruch. »Von eurem großzügigen Geldgeschenk haben wir uns einen lang gehegten Geschirrwunsch erfüllt.«

»Willst du meine Frau werden?« ist ein schöner Satz. Mein sehr schwieriger Freund Erwin hat ihn bestimmt tausendmal gesagt. Am Schluss sogar zu Tieren und Möbeln. Auf seiner Einladung stand: »Sie will meine Frau werden. Warum, weiß keiner. Aber wir lieben uns.«

In der Kirche lief dann The Beautiful South: »Don't marry her, fuck me.«

Geht doch.

Zettels Alptraum

Wo ist jetzt schon wieder dieser verdammte Zettel? Ich weiß genau, dass Erwin mir einen Mäusewitz erzählt hat, dass ich ihn aufgeschrieben habe, weil ich mir Witze nicht merken kann, speziell Mäusewitze nicht, und dass der Zettel hier irgendwo sein muss ...

»Brot, Butter, Käse.«

Das ist er nicht.

»Dienstag, 21 Uhr, mit Erwin im Stüberl.«

Der auch nicht. Keine Mäuse und vor allem kein Witz. Ich versuche Erwin zu erreichen und rufe dann, weil er nicht rangeht, vorsichtshalber im Stüberl an, ob da seit ein paar Tagen ein junger Mann rumsitzt und langsam ungeduldig wird.

Wen von den jungen Männern ich denn meine, fragt mich der Barkeeper, und, nein, einen guten Mäusewitz wisse er gerade nicht. Es ist doch zum Haareausraufen.

An der Menge der Zettel und vor allem der Häufigkeit, mit der ich diese nicht mehr finde, merke ich, dass ich in der Arbeitswelt angekommen bin. Ich bin ein Zettelschreiber, ein manischer to-do-list-Ersteller, ohne schriftliche Fixierung meines Alltages vergesse ich alles und tappe hoffnungslos im Dunkeln.

»Unbedingt Dispo-Kredit erhöhen lassen.« Wichtige Notiz, aber nicht die gesuchte.

Bisweilen nimmt mein Zettel-Geschreibe groteske Züge an. Wenn ich zum Beispiel Hunger habe und in die Küche gehen will, um mir was zu essen zu holen, schreibe ich mir einen Zettel im Arbeitszimmer.

»Du hattest Hunger und bist in die Küche«, schreibe ich.

Weil ich den Zettel erst lese, wenn ich aus der Küche zurückkomme, schreibe ich in der Vergangenheitsform. Aber auch im Präsens:

»Schön, dass du wieder da bist.«

Sollte ich vergessen, was ich eigentlich außerhalb meines Arbeitszimmers wollte, kann ich zurückgehen und nachsehen. Ah, Hunger hatte ich und wollte in die Küche. Meistens weiß ich aber doch, was ich wollte. Dann freue ich mich trotzdem über den Zettel.

»Schön, dass du wieder da bist.« Gut zu wissen, dass jemand auf mich wartet.

Mein Arbeitszimmer ist ein überdimensionaler Zettelkasten: »Glühwein. Ski wegbringen. Oma anrufen.«

Muss ein älteres Memo sein, klingt irgendwie winterlich, außerdem ist meine Großmutter vor vier Jahren gestorben. Ich sollte mir wirklich angewöhnen, meine Zettel zu datieren. Neulich fand ich nachts um drei ein vergilbtes Papier, auf dem in riesigen Lettern »Tom wickeln!« stand. Um Gottes willen!

»Astrid/Pflaster.«

Hä? Was soll das denn heißen? Hatte sie sich verletzt oder wollte ich ihr den Mund zukleben? Schlimm ist, dass ich meine eigenen Zettel oft nicht mehr einordnen kann. An meiner Tür hängt beispielsweise seit geraumer Zeit ein Blatt. »Theodor W. Adorno hätte niemals Fotze gesagt«, habe ich darauf geschrieben, was sicher richtig ist. Aber was soll das? Stammt das noch aus meinem Studium oder ist das der Songtitel einer philosophisch ambitionierten Punkband?

Manchmal glaube ich, meine Zettel führen ein Eigenleben. Sie liegen kreuz und quer übereinander, paaren sich und zeugen kleine Zettelkinder, die dann wirres Zeug sprechen. Des Weiteren bin ich sicher, dass sich meine Zettel bewegen können. Sie haben kleine Füßchen und krabbeln in meine Hosentaschen, von wo ich sie, in ihre atomaren Bestandteile zerlegt, nach dem Waschen rauspule. Manchmal hole ich da hundertseitige Romanfragmente raus – schön ist das nicht.

Arno Schmidt hat in seinem Wälzer *Zettels Traum* anhand der Aufzeichnungen von Edgar Allan Poe analysiert, dass dieser ein impotenter, syphilitischer Voyeur mit einem starken Interesse an den eigenen Exkrementen gewesen sei. Wenn dereinst jemand mein Geschreibsel interpretiert, dürfte mir Schlimmeres blühen.

»Geben Sie mir den Präsidenten!«

Das ist doch mal ein sinnvoller Zettel, ein Allzwecksatz: »Wir können Ihren Dispo-Kredit nicht erhöhen, Herr Jochimsen.«

»Geben Sie mir den Präsidenten!«

Natürlich werde ich den Zettel in der Bank nicht dabei haben und blöd rumstammeln: »Wie? Nicht erhöhen? Ach bitte. Männo, ich habe Hunger.«

Da ist er ja: »Witz von Erwin: Gehen zwei kleine Mäuse spazieren und reden über die Zukunft.«

Ein wunderbarer Satz. Ohne Pointe leider. Die steht auf einem anderen Blatt. Während ich es suche, denke ich nach, über was die Mäuse reden könnten. Über Fallen, Katzen oder andere Gefahren? Oder machen sie sich am Ende über Menschen lustig? Fressen Mäuse eigentlich Papier? Ich versuche erneut, Erwin zu erreichen. Diesmal erwische ich ihn und er klärt mich auf: »Gehen zwei kleine Mäuse spazieren und reden über die Zukunft. Da fliegt eine Fledermaus vorbei und die eine Maus sagt zur anderen: Wenn ich groß bin, will ich auch Pilot werden.«

Na ja. Und wenn ich groß bin, denke ich, kaufe ich mir so ein Notiz-Computer-Teil. Das muss ich mir sofort aufschreiben ... Oder besser noch, gleich kaufen. Ich springe ins Auto und da hängt er, der einzig wahre Satz aus *Ein Colt für alle Fälle*. Nicht über Mäuse, sondern über Menschen. Über Menschen in Autos. Colt Seavers, the unknown stuntman, er hatte es drauf. Ich lasse den Motor an und lese laut: »Nichts wie raus hier – die Kiste kann jeden Moment explodieren.«

Warum sich Astrid von mir getrennt hat? Künstlerische Differenzen, würde ich sagen. Dabei waren wir uns durchaus einig: Scorsese und Hemingway. Aber mit Anfang zwanzig im Bett zu liegen und sich ein gemeinsames Leben im Alter vorzustellen, ist einfach unsexy.

»Wir könnten reisen«, sagte Astrid, »oder Kurse geben in der Toskana.«

»Ich werde einen Hund haben«, sagte ich.

»Und Katzen«, sagte sie, »und Kinder. Du könntest einen Roman schreiben und ich illustriere ihn.«

»Ich werde jeden Tag fischen gehen«, sagte ich.

»Au ja. Wir kaufen eine Farm und bauen unser eigenes Gemüse an und Kühe und Fische natürlich.«

»Ich werde nichts fangen, Astrid. Wozu auch? Ich werde jeden Tag in derselben Kneipe essen, Brandy trinken und Pool spielen.«

»Wie in *The Color of Money*?«

»Und immer, wenn mich einer von den jungen, coolen Typen herausfordert, werde ich mit dem ersten Stoß die schwarze Kugel versenken.«

»Du bist ein schäbiger, alter Mann«, sagte Astrid.

Warum wir uns getrennt haben? Sie stand auf Tom Cruise und ich auf Paul Newman. So einfach ist das.

Es hängt ein Pferdehalfter an der Wand. Ja – ich habe mich für Katja erniedrigt: Ich zog ihr ein Kettchen mit einem Plastikhufeisen aus dem Kaugummiautomaten, lud sie zum Tee ein und sagte Sätze wie: »Ich habe bei *Black Beauty* auch geheult.«

Super reden könne man mit mir, meinte Katja, und ich nahm es als Kompliment. Aber es gibt kein wahres Leben im falschen: Pony reiten ist kein Rodeo, Duftkerzen sind keine Lagerfeuer und die beiden Akkorde von *Horse with no name* zu können nützt gar nichts, wenn man im Stimmbruch ist.

Als alle anderen schon ein Mofa hatten, ließ ich mich immer noch zweimal die Woche von meinen Eltern zum Voltigieren fahren. »Ruhig, Brauner, ruhig!« Scheiße, ich war kein Cowboy, sondern ein gottverdammter Pferdeflüsterer.

Als ich dann auf der Kirmes das zehnte Mal an der Rose vorbeischoss, sagte Katja: »Wir können ja gute Freunde bleiben.«

Und ich nickte auch noch.

Es ist einsam im Sattel, seit das Pferd tot ist.

In hormonell schwierigen Zeiten macht man so etwas eben. Das Adressbuch zur Hand nehmen. Überlegen, ob man mal wieder anrufen sollte. Sich treffen ...

»Du hast dich gar nicht verändert«, sagt sie.

Du dich schon, denke ich und sage es nicht. Auch nicht: Mensch, bist du aber groß geworden. Sondern natürlich: »Du siehst toll aus.«

»Du auch.«

Pause.

»Und wie geht's?«, frage ich.

»Muss ja«, antwortet sie, »und selber?«

»Hm.« – »Lang her, was?« – »Ja, verdammt lang.« – »Das ist von BAP, nicht?« – »Hm.« – »Weißte noch, wie wir damals ...?« – »Ja.«

Lange Pause.

Ich: »Was machst du denn so?« Sie: »Wir bauen.«

Ich hätte es wissen müssen. Das Leben ist eine Baustelle, und den Neubaugebieten sieht man die Familienplanung einfach an.

»Ich muss dann mal«, sage ich. »War schön«, sagt sie.

»Ja. Das war es.« Früher.

Ich fand BAP damals schon furchtbar.

Don't look back in anger. Eine Schachtelgeschichte

Diese Geschichte heißt Schachtelgeschichte, weil sie in der »Schachtel« beginnt.

Älter werden hat auch mit Kneipen zu tun, und früher war die Schachtel eben noch eine Kneipe, unser Stammlokal, der richtige Name war »Brau-Stube« oder »Bürger-Keller«, für uns war es einfach das »Stüberl«.

»Um acht im Stüberl?«, fragten wir oder: »Checkst du später noch ins Stüberl?« So fragten wir früher und die Antwort war klar. Nicht ja, nicht nein, sondern: wahrscheinlich. »Wattscheins«, wie wir damals sagten, mit den Variationen »wattschinsen« und »wackatschunsen«.

»Später noch ins Stüberl?«

»Wattscheins.«

»Wattschinsen kommst du, oder?«

»Hey, wackatschunsen!«

Kurzes Nicken, Handshake. Um acht saßen wir dann im Stüberl und tranken Bier. Oder Radler. Oder diskutierten den Unterschied zwischen einer »Radler-« und einer »Russenmaß«.

»Sprite oder Zitronenlimo?«

»Hey, wattschinsen Sprite!«

Erwin trank immer »Neger«, Bier mit Cola, »noch so ein dunkelhäutiges Getränk, bitte«, sagte er. Erwin hatte aber auch am meisten Geld, gelegentlich bestellte er sogar etwas zu essen. Dafür reichte es bei uns nie. Cevapcici aß Erwin immer, »Hundstrümmerl mit Zwiebel«, wie er sagte, »und noch 'n Dunkelhäutiges».

Heute heißt das Stüberl Schachtel. Der Besitzer hat gewechselt.

»Gar nicht so uncool, die Corporate Identity«, erklärt mir Harald, »hatte eh immer so was Verschachteltes, das Stüberl.«

Die Corporate Identity sieht so aus, dass alles voller Schachteln ist. Auf den Tischen, an den Wänden, kleine Schachteln aus Pappe, größere aus Holz, Schuhkartons, Pakete. Die Gewürze stehen in einer Schachtel, die Zuckerstreuer, sogar das Besteck wird in extra dafür angefertigten länglichen Schachteln bereitgestellt.

»Werden echt oft geklaut«, erklärt uns der neue Besitzer nicht ohne Stolz.

Auf der Karte gibt es ein »Schachtelfrühstück«, ein »Schachtel-Menue«, die Cevapcici heißen sinnigerweise »Schlacht-Schachtel«.

»So uncool ist das gar nicht«, sagt Harald und tippt irgendwas in sein Handy. Er stand dem Neuen schon immer aufgeschlossen gegenüber. Aus dem Lautsprecher dröhnt bestimmt schon zum dritten Mal *Living in a box*. Natürlich.

»Gar nicht so uncool«, sagt Harald.

»Living in a carton box.«

Haralds Haare sind etwas schütter geworden, aber wie er so dasitzt, sehe ich den Harald von früher vor mir, den kleinen Meyer mit Zahnspange und der viel zu großen Brille. Harald, der Antiheld, einem Schneider-Buch entsprungen, von Enid Blyton, Harald, der kleinste der fünf Freunde. Wobei wir vier waren. Ich kann mich nicht daran erinnern, dass Harald seine Zahnspange je getragen hätte, sie baumelte immer nur in dieser roten Plastikbox an seinem Hals. Neben dem Umhänge-Geldbeutel. Schachteln eben. Der Geldbeutel war ebenfalls aus Plastik, oval und zum Aufschrauben, ein Preis der Sparkasse.

Die Sparkasse hatte einen Lyrikwettbewerb ausgeschrieben und Harald hatte gewonnen. Ich erinnere mich nicht mehr an das Gedicht, nur noch an das Thema des Wettbewerbes: »Geld allein macht nicht glücklich.« Bemerkenswert. Ich weiß noch, dass wir alle mitmachten, Erwin, Harald, Wolfi und ich, dass wir sogar im Stüberl saßen und unsere Gedichte verglichen. Erwin schrieb natürlich Unsinn, reimte »Preis« auf »Scheiß« und so weiter, aber insgeheim gaben wir uns alle Mühe, weil es diese Plastikgeldbox nirgends zu kaufen gab und weil wir sie alle haben wollten. Sie war wasserdicht, und wenn ich mich recht erinnere, hatte Harald sie sogar am Meer dabei. Damals.

Mein Gedicht handelte von Dagobert Duck und wie er immer unglücklicher wurde, trotz seines vielen Geldes. Die anderen konnten ja nicht baden im Gold, das konnte nur Dagobert, wenn Donald und seine Neffen in den Speicher sprangen, machte es »boing«. Geld ist nur für Reiche flüssig. Dagobert brachte sich dann um, in meinem Gedicht, er sprang von einer hohen Brücke, in richtiges Wasser sprang er, und war tot. Mein Gedicht schaffte es nicht mal in die Endausscheidung.

»'ne lässige Funke«, sagt Harald als Erwins Handy klingelt.

»Wo bist du?«, fragt Erwin in sein Telefon.

Jetzt piept Wolfis Handy die Melodie von *Star Wars* und auch Wolfi fragt sein unsichtbares Gegenüber: »Wo bist du?«

Der unvermeidbare Handysatz. Menschen auf der Suche – »Wo bist du?« Wäre ganz schön albern gewesen, früher so etwas zu fragen. Wenn wir uns zum Schwimmen verabreden wollten oder fürs Stüberl.

»Wo bist du?« – »Ja, wo werde ich wohl sein? Im Flur.«

Am Telefon eben, dem orangen mit dem kurzen Spiralkabel. Wolfis Eltern hatten eins mit Brokatüberzug und die Null auf der Wählscheibe war mit einem Schloss versperrt, damit Wolfi keine Ferngespräche führen konnte. Harald, der außerhalb wohnte, musste deswegen immer von Erwin oder mir angerufen werden.

»Ich verstehe dich nur ganz schlecht«, sagt Wolfi zu wem auch immer, »ich rufe dich später noch mal an.«

»Ich hab kein Netz«, sagt er.

Wieder so ein Satz. »Ich hab kein Netz.« Hätte früher allenfalls ein trauriger Fischer gesagt, am Meer.

»Bei mir laufen unwichtige Anrufe direkt auf die Mobilbox«, sagt Harald, der Schachtelmann.

Nochmal die *Star Wars*-Melodie: »Hör mal, ich habe ganz schlechten Empfang hier«, sagt Wolfi, »was? Wo bist du? Ich rufe dich ... Ja. Ja, ich dich auch.«

Ob er mit Katja telefoniert hat? Das wäre das Einzige, was mich hier wirklich interessiert. Ob er mit ihr geschlafen hat, damals?

»Hey, wattscheins«, sagt Wolfi, »wattschinsen ist das das beste Teil, das Nokia derzeit hat.« Es entwickelt sich ein angeregtes Gespräch über Mobiltelefone, Computer und Palmtops. Geld sei kein Thema, sagt Harald, »kann ich ja absetzen.«

Was soll ich hier? Jetzt dauert es nicht mehr lange und der Erste erzählt einen Witz. Die »Größer«- und »Besser«-Geschichten gehen uns bald aus und mit den »Weißt du noch«-Storys sind wir auch schon durch. Komisch, dass noch keiner die Geschichte vom Meer erzählt hat, kam sonst eigentlich immer, wenn wir uns mal wieder trafen.

Und erneut die *Star Wars*-Melodie.

»Mach dein Scheiß-Teil doch mal aus«, sagt Erwin.

Ich greife in die Tasche und überprüfe mein eigenes Handy. Es ist abgeschaltet.

»George Lukas hat die ersten Modelle seiner Raumschiffe übrigens aus Pappschachteln gebaut«, sagt Harald.

»Echt jetzt?«

»Hey, wattschinsen, ohne Scheiß!«

»Die Macht sei mit dir!«

»Geiler Film.«

Eine Weile sagt jetzt keiner mehr was, in Gedanken sind wir Jedi-Ritter.

»Woran erkennst du, dass deine Ehefrau einen Liebhaber hat?«, fragt Wolfi.

Ich wusste es. Der obligatorische Witz. Der Abend neigt sich dem Ende zu. Schon seltsam, mit den Jungs verbindet mich nichts, außer, dass wir früher schon hier zusammensaßen. Reicht wohl. Wäre ich Wolfis Frau, dann hätte ich einen Liebhaber.

»Du erkennst es daran, dass sie dich beim Sex mit einem anderen Vornamen anredet«, sagt Wolfi. »Und dass sie das Buch dabei weglegt.«

Haha. Sollte es tatsächlich Katja sein, wünsche ich mir, dass der Witz einen gewissen Wahrheitsgehalt haben möge.

»Noch so ein dunkelhäutiges Getränk, bitte«, sagt Erwin und der neue Besitzer des Stüberls guckt fragend.

»Sind eben andere Zeiten«, sagt Harald, »weißte noch, wie du am Meer versucht hast, 'n Neger zu bestellen? In Cavalino?«

»Und wattscheins habe ich's auch gekriegt.«

»War schon geil.«

Also doch. Jetzt noch die Story von unserem Trip ans Meer durchkauen und dann gehe ich. Ist ohnehin die einzige Geschichte, die es wert ist, immer wieder erzählt zu werden.

»Hey, endsgeil, wackatschunsen.«

Es war Erwins Idee gewesen, gemeinsam ans Meer zu trampen.

»Jetzt?«, fragte Harald.

»Na, logen«, sagte Erwin, »sofort. Jetzt oder nie.«

»Du hast doch 'n kompletten Hau. Es ist arschkalt draußen.«

»Mach dir nichts ins Hemd, das wird wattschinsen obergeil.«

Wir saßen im Stüberl und machten Pläne, die nie verwirklicht wurden. Außer diesem einen.

»Das können wir nicht bringen«, sagte Wolfi, »bis Montag sind wir im Leben nicht zurück.«

»Erst müssen wir mal dort sein und überhaupt: Scheiß doch auf die Schule.«

»Hey, du Spacko, wir haben Ende April! Außerdem habe ich morgen ein Date mit Katja.«

»Ich müsste erst meine Mutter anrufen«, sagte Harald, »was sollen wir überhaupt am Meer?«

»Arschlecken, hier geht's ums Prinzip.«

Keine Ahnung, wie Erwin es anstellte, uns zu überzeugen, aber es gelang ihm. »Da erzählen wir noch unseren Enkeln von«, sagte er, »austrinken jetzt und los geht's. Wer zuerst da ist, gewinnt. Und der Letzte macht ein Fass auf.«

Jeder sollte auf eigene Faust lostrampen und in Cavalino, am Mittelmeer, wollten wir uns treffen.

»Wenn du dich so anstellst wie beim Fußball, bist du nächstes Jahr noch nicht da«, sagte Wolfi.

»Fresse«, sagte ich, »bis du ankommst, habe ich schon meinen zweiten Sonnenbrand.«

»Schluss, Brüder.« Erwin sprach das Machtwort. »Ab jetzt gilt's. Raus hier, und dann heißt's Daumen in den Wind. Ich werde euch wattscheins dermaßen in den Sack stecken.«

»Halt mir 'nen Liegestuhl frei.«

»Die Macht sei mit euch.«

Star Wars. Wolfis Handy piept wieder. »Wo bist du?«

Das Erstaunliche ist eigentlich nicht, dass wir es damals tatsächlich bis ans Meer geschafft haben, sondern dass wir uns fanden, am Strand von Cavalino. Ohne Mobiltelefone. War damals schon ein Touristennest und ganz schön was los. Aber eineinhalb Tage später saßen wir übernächtigt in der Sonne, alle vier. Wolfi war als Erster angekommen.

»Schatz, ich bin noch in der Kneipe«, sagt er in sein Handy. »Wie? In der Schachtel. Ja. Holst du mich ab? Ich dich auch.«

Jetzt werde ich es ja sehen. Aber eigentlich will ich gar nicht mehr wissen, ob es Katja ist, die ihn gleich abholt. Ich trinke mein Bier leer.

»Kann ich ja absetzen«, sagt Harald, »mit 'ner Kapitallebensversicherung fährst du allemal besser.«

»Ach, Arschlecken«, sagt Erwin.

Habe ich was verpasst? Harald und Erwin reden über Vorsorge, über Sparmodelle. Wolfi schaltet sich ein.

»Kommt immer auf den Freibetrag an«, sagt er, »und ab wann du die Kohle tatsächlich brauchst.«

Jetzt reden wir also über die Zukunft. Vergangenheit und Gegenwart sind abgehakt. Auch früher haben wir darüber gesprochen, was später kommt. Was jeder mal so machen will. Auch über Geld haben wir geredet. So viel anders ist das jetzt gar nicht. Nur vom Meer spricht keiner. Das Thema ist wohl durch.

Eine Nacht blieben wir in Cavalino, dann stiegen wir in den Zug und fuhren heim. Erwins Vater bezahlte die Tickets und der Ärger hielt sich in Grenzen, unsere Eltern waren, glaube ich, ziemlich froh, dass nichts Schlimmeres passiert war. In der Schule allerdings galten wir als Helden.

»Also eins nehme ich noch«, sagt Wolfi, »dann holt mich meine Süße ab.«

»Für mich noch ein Dunkelhäutiges«, sagt Erwin.

Harald spielt mit einem Löffel, klopft damit ein paarmal auf die Tischplatte und legt ihn dann zurück in die Besteckschachtel.

»Ich bin mal weg«, sage ich.

»Komm, eins geht noch«, sagt Erwin, »so jung kommen wir nicht mehr zusammen.«

Wohl nicht mehr. »Nee, lass mal, ich hau' ab.«

Langsam bin ich mir sicher, dass dies unser letzter gemeinsamer Abend im Stüberl war. Wir haben uns die Geschichte nicht einmal mehr erzählt. Schon vor ein paar Jahren dachte ich, wenn wir irgendwann mal aufhören, uns an den Trip zu erinnern, wenn wir aufhören, die Story zum Besten zu geben, schön zu reden, dann war's das.

»Bis zum nächsten Mal«, sagt Harald.

»Ohren steif halten und den Rest geschmeidig hängen lassen.« Erwin klopft mir auf die Schulter.

»Bis dann.«

»Mach's gut, Alter.«

Draußen auf der Straße überlege ich, ob ich warten soll. Gucken, ob es tatsächlich Katja ist. Bestimmt haben sie miteinander geschlafen ... Ich lasse das Auto stehen und laufe los. Ein paar tausend Mal bin ich den Weg sicher gegangen, vom Stüberl nach Hause, also zum Haus meiner Eltern. Am Bahnhof vorbei, den Kanal runter, über die Brücke. Sind einige runtergesprungen damals. Ist jetzt alles neu und ein Riesengeländer dran. Mir fällt eine halbe Strophe des Dagobert-Duck-Gedichts wieder ein, das ich für den Sparkassen-Lyrikwettbewerb geschrieben hatte. »Im Disneyland von einer Bruck ...« Ist nicht einmal mehr Wasser im Kanal.

Ich kicke einen Pappkarton vor mir her, mehr schlecht als recht, ich bin wirklich scheiße in Fußball. Harald hatte sich aus einer ähnlichen Schachtel Schilder gebastelt, damals. »Innsbruck«, »Bozen«, »Verona«, er war als Zweiter am Meer.

Es kommt mir wie eine Ewigkeit vor, aber schon der dritte oder vierte LKW nimmt mich mit.

»Zumindest bis Kufstein«, sagt der Fahrer, »da mache ich Pause. Hast eh Glück, ich nehme kaum noch Anhalter mit. Macht ja ohnehin keiner mehr.«

Das stimmt. Wenn irgendwas wirklich verschwunden ist, dann das Trampen. Man hörte aber auch immer so Geschichten. »Ich hätte mich das nie getraut«, sagte Katja damals. Sie verteilte ihre Bewunderung gleichmäßig auf uns alle.

Im Autoradio läuft Lindenberg, »Hinterm Horizont geht's weiter«, wie schlecht ist das denn? »Die größten Hits der siebziger und achtziger Jahre und das Beste von heute!« Der nächste Song ist *Living in a box*.

Das war definitv der letzte Abend im Stüberl. Der LKW-Fahrer fährt doch ein bisschen weiter.

»Über'm Brenner schläft's sich besser«, sagt er.

Ich weiß noch, wie schön es immer war, in einem fremden Auto an den Feldern vorbeizufliegen. Wenn kein Mais mehr kam, begann der Süden. Diese elenden deutschen Maisfelder, gerade, akkurat und an den Rändern wuchs Schachtelhalm. Wolfi hat ihn oft gekaut. Wenn Wolfi damals nicht dabei gewesen wäre, hätte ich vielleicht eine Chance gehabt ...

Ich halte meine Zehen ins Wasser. Keine Ahnung, wie lange ich hier schon sitze. Damals war das Wasser auch so kalt. Jetzt klingelt mein Handy, ich muss es unterwegs eingeschaltet haben. Erwin ist dran: »Wo bist du?«

»Verschon mich mit dieser Kack-Frage.«

»Wollt' nur mal hören. Wart mal 'n Moment.«

Es knackt in der Leitung. Dann ist Erwin wieder da: »War ganz geil gestern, oder?«

»Geht so.«

»Ich war ziemlich hacke.«

»Habt ihr noch lange gemacht?«

»Harald ist kurz nach dir weg, mit Wolfi habe ich dann noch ewig weitergesoffen.«

»Ich dachte, er wär' gleich abgeholt worden.« Ich will es doch wissen.

»Immer noch die alte Rivalität ...« Erwin spannt mich auf die Folter.

»Jetzt spuck's schon aus, du Arsch«, sage ich.

»Irgendeine Bettina, doof wie Brot, aber Mordstitten.«

Mein Schweigen hört sich wohl erleichtert an.

»Du hast doch gedacht, es wär Katja, hab ich Recht oder hab ich Recht?«

Ich lache und Erwin hakt nach: »Das mit Katja ist schon lange rum. Was ist denn das für ein Lärm? Zum Teufel, wo steckst du?«

Ich lache lauter. »Rat mal.«

»Scheiße auch«, sagt Erwin, »ich habe einen verdammten Schädel und keinen Bock auf raten.«

Im Hintergrund höre ich Stimmen. Jetzt frage ich: »Wo bist du?«

»Ich stehe an der Raststätte Irschenberg«, sagt Erwin, »und zwar ausgesprochen blöd.«

»Was machst du denn ...? Nee, oder?«

Nun ist er es, der lacht. »Wollt halt gucken, ob ich's noch bringe.«

»Dann habe ich ganz schön Vorsprung, Alter«, sage ich.

»Wusst ich's doch, dass du's auch probierst«, sagt Erwin, »und jetzt?«

»Keine Ahnung. Hörst du das Plätschern?« Ich halte den Hörer ans Wasser und genieße meinen Triumph.

»Erzähl keinen Scheiß«, sagt Erwin. »Hör mal, mir reicht's, ich nehme mir jetzt ein Taxi und düse heim.«

»Mach du mal«, sage ich.

Erwin lacht wieder. »Das Fass geht auf mich. Sieh zu, dass du zurückkommst, wenn du cool bist, schaffste's bis heut Abend.«

»Hey, wattscheins schaffe ich das«, sage ich.

»Um acht im Stüberl?«

»Wattschinsen.«

»Bis dann.«

Ich ziehe meine Socken und Schuhe wieder an und überlege, in welcher Richtung der Bahnhof liegt. Die Sonne spiegelt sich auf dem Wasser und die riesigen Betonklötze, die sie hier gebaut haben, werfen ihre Schatten. Wie Schachteln. Dunkle, schwimmende Schachteln.

Wirklich schön ist es ja nicht, am Brennersee.

Aber das war es in Cavalino auch nicht.

Credits

»The difficult second album, mutig, mutig«, meinte Erwin, als ich ihm das Manuskript gab. Nachdem er es gelesen hatte, sagte er: »Da haste dir aber wattschinsen Mühe gegeben. Sehr geil. Und ... danke.« Diesen Dank möchte ich an meine Lektorin Julika Jänicke weitergeben, die mir den nötigen Mut gemacht hat und ohne die ich es nicht geschafft hätte.
Genauso wenig aber ohne: Bettina Sonnenschein, Katharina Festner, Joey Schneider, Oliver Genzow und Urs Wiegering. Habt Dank.
Simone Lutz und Dietrich Roeschmann möchte ich dafür danken, dass ein paar meiner Texte in der mittlerweile verblichenen *Zeitung zum Sonntag* gedruckt wurden.
Monster-Credits gehen an Ute Diefenbach und die gesamte Redaktion des Magazins der *Frankfurter Rundschau*. Ein Großteil der Geschichten und alle Foto-Love-Storys dieses Buches durften dort erscheinen – und als es bitter wurde, wart ihr da.
Des Weiteren danke ich den Katjas und Astrids dieser Welt, sowie:
Peter W. Hermanns für love and strictness.
Helmut Schleich für Seite 108 und dafür, dass er immer noch zuhört.
Alexander Liegl für den »Hitler look-a-like«.
Josch Strack für das Lafontaine-Foto.
Tobias Binnig und Norbert Preussner für die Vermeidung von »Fehler 3«.
Martin Wiedemann für Kameradschaft.
Raimund Mai und Jan Hucklenbroich für being there on the road.

Dieter Schwarz für being there on the way.
Den WDR-Vorlesern und den Swamp-Poeten für das gelesene Wort. (Danke, Chico – sowie Rita Baus, ohne die das alles nicht möglich gewesen wäre.)
Achim Schley, Marlis und Anton Binnig, Regina und Moritz Leonhart dafür, dass sie mich ertragen. (Ihr seid das Beste in meinem Leben!)
Meinen Eltern für ihre Liebe.
Nena für ihr Lachen.

Love and Rock 'n' Roll!

Wenn Sie mich besuchen wollen, ich bin wohnhaft in:

www.jessjochimsen.de

Allerdings bin ich auch viel unterwegs. Zuständig hierfür:

Urs Wiegering
Hoheluftchaussee 57
D-20253 Hamburg
Fon: 040/4230000
Fax: 040/42300023
www.ursart.de
ursart@ursart.de

Der Merchandising-Idiot

Als ich das erste Mal mein Buch in einer Buchhandlung entdeckte, schäumte ich beinahe über vor Glück. Hey, im fernen Krefeld, eingeordnet zwischen Jelinek und Joyce, Scheiße war ich stolz! Ich bat den Buchhändler um einen Stift und signierte das Exemplar.
»Was soll das denn?«, fuhr der Händler mich an.
»Das ist meins«, stolzbolzte ich.
»Macht 17,50 DM«, sagte er.
»Nein – ich habe das geschrieben.«
»Kann ja jeder sagen.«
Ich zeigte meinen Personalausweis und meinte, dass ich dem potenziellen Käufer bloß eine Freude hätte machen wollen.
»Das kauft doch jetzt keiner mehr«, sagte er.
»In hundert Jahren ist das vielleicht eine Menge wert.«
»Aber jetzt ist es erstmal kaputt.«
Als ich also das erste Mal mein Buch in einer Buchhandlung entdeckte, musste ich es gleich kaufen. Ich habe es nie bereut.

DAS DOSENMILCH-TRAUMA
Bekenntnisse eines 68er-Kindes.
ISBN 3-423-20370-6

Aufgewachsen als Sohn der beiden einzigen bayerischen 68er (»Mama und Papa hatte ich nicht, ich musste immer Eberhard und Renate sagen!«), macht Jess Jochimsen klar, warum seine Generation heute so ist, wie sie ist.
Die 40 Storys dieses Buches, mal grotesk, mal liebevoll komisch, verdichten sich zu einem irrwitzigen Roman des Erwachsenwerdens, zu einem präzisen Bild der heutigen Endzwanziger, deren wichtigste Frage nie »links oder rechts« war, sondern »Geha oder Pelikan«.

(Erhältlich in jeder guten Buchhandlung, außer der einen in Krefeld.)

Der Merchandising-Idiot II

Ob's das auch als Hörbuch gäbe, fragte mich eine Dame nach einer Lesung. Hörbücher seien nämlich überhaupt das Tollste und alle Autoren hätten doch jetzt ein Hörbuch und das sei doch gleich was ganz anderes als Lesen.
Das stimmt. Das ist Hören.
Eine CD habe ich, die heißt *Friss, vögel oder stirb!*, da sind viele der Geschichten drauf, die im *Dosenmilch-Trauma*-Buch drin sind. Und dann gibt's die *Dosenmilch-Trauma*-CD, auf der sind allerdings auch Sachen drauf, die im *Flaschendrehen*-Buch drin sind. Und die *Flaschendrehen*-CD gibt's auch noch. »Das ist ja kompliziert«, sagte die Dame. Dafür kann man die CDs in den Computer schieben und sich die Fotos, die in beiden Büchern drin sind, als Dia-Show anschauen – mit Musik. »Wie Musik?« Und Lieder sind auch drauf. Mit E-Gitarre.
»Dann nehme ich doch lieber das Buch«, sagte die Dame, »signieren Sie auch?« Nur in Krefeld.

FRISS, VÖGEL ODER STIRB!
Best.Nr. 78057
ISBN 3-931780-57-0
(Inkl. »Meine Eltern sind Hippies«, »Winnetou auf dem Bonanzarad«, uvm.)

FLASCHENDREHEN
Best.Nr. 71414
ISBN 3-7857-1414-9
(Inkl. »Das Gesicht hinter der Scheibe«, »Klippschliefer und Meuchelpuffer«, uvm.)

DAS DOSENMILCH-TRAUMA
Best.Nr. 71116
ISBN 3-7857-1116-6
(Inkl. »Flaschendrehen«, »Meine faschistische Quetschkommode«, uvm.)

Fon: 0221/2407746   Fax: 0221/2407762
www.wortart.net